中财传媒版 2020年注册会计师全国统一考试辅导系列丛书



# 经济法全真模拟试题

财政部中财传媒 注册会计师考试辅导丛书编写组 编

中国财经出版传媒集团
中国财政经济出版社

**图书在版编目（CIP）数据**

经济法全真模拟试题/财政部中财传媒 注册会计师考试辅导丛书编写组编．-- 北京：中国财政经济出版社，2020.3

（中财传媒版 2020 年注册会计师全国统一考试辅导系列丛书）

ISBN 978-7-5095-9615-9

Ⅰ．①经… Ⅱ．①财… Ⅲ．①经济法-中国-资格考试-习题集 Ⅳ．①D922.29-44

中国版本图书馆 CIP 数据核字（2020）第 029396 号

责任编辑：郁东敏　　　　责任校对：张　凡

中国财政经济出版社 出版

**URL**：http：//www.cfeac.com



社址：北京市海淀区阜成路甲 28 号　邮政编码：100142

营销中心电话：010-88191522

天猫网店：中国财政经济出版社旗舰店

https：//zgczjjcbs.tmall.com

三河市宏图印务有限公司印刷　各地新华书店经销

787×1092 毫米　16 开　9.5 印张　220 000 字

2020 年 3 月第 1 版　2020 年 3 月河北第 1 次印刷

定价：28.00 元

ISBN 978-7-5095-9615-9

（图书出现印装问题，本社负责调换）

质量投诉电话：010-88190744

**打击盗版举报热线：010-88191661、QQ：2242791300**

# 前言 Preface

为帮助广大考生全面理解2020年注册会计师考试大纲和考试教材内容，在有限的复习时间内掌握教材的重点、难点知识，顺利通过考试。中国财经出版传媒集团组织常年从事注册会计师考试辅导的名师、专家编写了“中财传媒版2020年注册会计师全国统一考试辅导系列丛书”。该系列丛书包括“应试指导”“要点随身记”“通关题库”和“全真模拟试题”四个系列，涵盖专业阶段考试的六个科目，即会计、审计、财务成本管理、经济法、税法和公司战略与风险管理。

**1.“应试指导”系列：**紧扣2020年考试大纲和考试教材内容，考点精炼，结构合理，对考试有极强的指导性，帮助考生全面掌握教材精髓。在编写结构的设计上，根据考生的学习特点和备考要求，分为“命题规律及考试趋势预测”“各章考点精讲精练”“跨章节综合题演练”三个部分。

**2.“要点随身记”系列：**根据每章重要考点整理而成的备考“红宝书”，全面涵盖知识点，易于携带，旨在帮助考生更便捷地预习、复习和记忆考点内容，合理利用碎片化的时间，积少成多，掌握记忆教材核心知识点。

**3.“通关题库”系列：**包含大量针对性极强的练习题和对应的答案解析，帮助考生通过习题演练巩固理解知识点，更熟练地应用教材知识点解决实际题目中的难点。

**4.“全真模拟试题”系列：**在对历年考试试题进行分析归纳和命题趋势总结的基础上，由多名具备注册会计师资格的辅导专家精心设计了八套全真模拟试题，考生可以在充分复习教材内容的基础上，按照模拟考试时间及要求，进行热身训练，积累实战经验。

注册会计师考试辅导书市场品种繁多，但质量良莠不齐。考生在选择教辅时常常陷入盲目。该系列丛书利用作为教材出版单位的独特优势，在第一时间邀请注册会计师考试辅导专家编写，秉承“应试”“精练”的核心思想，力求帮助考生以最少的精力取得最大的效果，实现高效学习、顺利通关，是考生学习备考的第一选择。

最后，衷心祝愿各位考生顺利通过2020年注册会计师考试。

**编写组**

2020年3月

Contents

# 目录

# 2020年注册会计师全国统一考试《经济法》全真模拟试题（一）

**一、单项选择题**（本题型共24题，每题1分，共24分。每题只有一个正确答案，请从每题的备选答案中选出一个你认为正确的答案）

1. 根据民事法律制度的规定，下列关于可撤销民事法律行为的表述，正确的是（　　）。

A. 撤销权可由司法机关主动行使

B. 撤销权的行使不受时间限制

C. 行为在撤销前已经生效

D. 被撤销行为在撤销之前的效力不受影响

2. 下列关于除斥期间的说法，正确的是（　　）。

A. 除斥期间届满，实体权利并不消灭

B. 除斥期间为可变期间

C. 撤销权可适用除斥期间

D. 如果当事人未主张除斥期间届满，人民法院不得主动审查

3. 2019年1月12日，甲与乙签订租赁合同，将其所有的一栋房屋出租给乙居住，租期为1年。已知：在此之前的2018年9月10日甲已经将该房屋设定抵押并与丙签订借款合同。2019年4月19日借款合同到期，甲未能按照约定还本付息。关于本案，下列说法正确的是（　　）。

A. 乙在租赁合同约定的剩余期限内无权居住，因租赁合同对受让人没有约束力

B. 乙在租赁合同约定的剩余期限内仍有权居住，因原租赁合同继续有效

C. 乙在租赁合同约定的剩余期限内仍有权居住，但应与房屋的受让人签订新的租赁合同

D. 乙在租赁合同约定的剩余期限内是否有权居住由房屋的出让人决定

4. 根据《合同法》的规定，下列情形中，要约没有发生法律效力的是（　　）。

A. 撤回要约的通知与要约同时到达受要约人

B. 撤销要约的通知在受要约人发出承诺通知之前到达

C. 同意要约的通知到达要约人

D. 受要约人对要约的内容作出实质性变更

5. 张某欲购买李某的一辆旧汽车，但对该车的车况不放心。于是二人在买卖该车的合同中约定，如果该车能顺利通过下一年度年检，张某就购买该车。该约定是（　　）。

A. 附生效条件的合同　　B. 附解除条件的合同

C. 附生效期限的合同　　D. 附解除期限的合同

6. 甲与乙签订一价款为80 000元的合同，约定定金20 000元。实际交付定金时乙只向甲支付了10 000元，甲未提出异议。根据《合同法》的规定，该定金合同的效力是（　　）。

A. 定金合同有效，定金数额为20 000元

B. 定金合同有效，定金数额为16 000元

C. 定金合同有效，定金数额为10 000元

D. 定金合同无效

7. 甲、乙、丙拟设立一家合伙企业，出资比例为4：4：2。下列关于合伙协议约定的利润分配和亏损分担的表述，不符合《合伙企业法》规定的是（　　）。

A. 按4：4：2的比例分配损益

B. 在合伙人之间平均分配损益

C. 按3：3：4的比例分配损益

D. 利润按3：3：4的比例分配，亏损由丙承担

8. 甲、乙、丙三人成立有限合伙企业，甲和乙为普通合伙人，合伙企业经营一段时间后，甲欲转变为有限合伙人，但合伙协议中并没有约定此方面的内容。下列说法正确的是（　　）。

A. 甲转变为普通合伙人后会导致该有限合伙企业中的普通合伙人不足2人，因此甲不能转变

B. 经过全体合伙人一致同意，甲可以转变为有限合伙人

C. 甲转变后，对其作为普通合伙人期间合伙企业发生的债务承担有限责任

D. 由于合伙协议未约定转变的方式，上述转变应该经过全体合伙人过半数同意才可以

9. 下列各项中，不属于股份有限公司监事会职权的是（　　）。

A. 向股东大会会议提出提案

B. 要求董事、经理纠正其损害公司利益的行为

C. 提议召开临时股东会

D. 提请聘任公司副经理、财务负责人

10. 某有限责任公司注册资本为人民币1 200万元，其累计已提取法定公积金580万元。关于公积金的提取，下列说法符合《公司法》规定的是（　　）。

A. 该公司可以不再提取法定公积金

B. 该公司仍要继续提取法定公积金

C. 该公司不得再提取任意公积金

D. 该公司应按照15%的比例继续提取法定公积金

11. 根据《公司法》的规定，股东提起强制解散公司诉讼的，下列（　　）是错误的。

A. 股东提起解散公司诉讼，同时又申请法院对公司进行清算的，法院对其提出的清算

申请不予受理，在法院判决解散公司后，再进行对公司进行清算

B. 股东提起解散公司诉讼应当以公司为被告

C. 原告提起解散公司诉讼应当告知其他股东，或者由人民法院通知其参加诉讼

D. 经人民法院调解公司收购原告股份的，自判决书生效之日起，原告可以公司收购其股份为由对抗公司债权人

12. 下列符合在创业板上市的公司首次公开发行股票的条件的是（　　）。

A. 最近一期末净资产不少于人民币3 000万元，且不存在未弥补亏损

B. 发行后股本总额不少于人民币2 000万元

C. 发行人募集资金应当用于主营业务，并有明确的用途

D. 发行人可以主营多种业务

13. 证券的代销、包销期限最长不得超过（　　）。

A. 60日　　　　B. 90日

C. 180日　　　　D. 3个月

14. 根据企业破产法律制度的规定，管理人对申报的债权进行审查，并依法编制的债权登记表，债权登记表应当提交（　　）核查。

A. 人民法院　　　　B. 债务人企业

C. 债权人委员会　　　　D. 第一次债权人会议

15. 根据《企业破产法》的规定，企业破产案件应当由（　　）人民法院管辖。

A. 债务人住所地　　　　B. 债权人住所地

C. 申请人住所地　　　　D. 债务人所在地中级以上

16. 乙公司向法院提出破产申请，法院予以受理。在破产申请前，乙、丙两公司之间签订的合同尚未履行完毕，破产管理人经请示法院，决定继续履行合同，但拒绝丙公司关于必须提供担保的要求。管理人的做法应视为（　　）。

A. 变更合同　　　　B. 解除合同

C. 延迟履行合同　　　　D. 中止履行合同

17. 甲公司是一家国有企业，因经营不善进入破产程序。与该公司有关的下列款项或费用中，属于破产费用的是（　　）。

A. 债权人乙公司因参加破产程序花费的5万元

B. 破产程序开始时甲公司欠丙公司2万元货款，离偿付日期还有1个月

C. 甲公司管理人聘用工作人员支付的工资5万元

D. 债权人丁因申报债权而花费的1万元

18. 根据有关规定，存款人对用于基本建设的资金，可以向开户银行出具相应的证明并开立（　　）。

A. 临时存款账户　　　　B. 一般存款账户

C. 专用存款账户　　　　D. 基本存款账户

19. 根据票据法律制度的规定，持票人在一定期限内不行使票据权利，其权利归于消灭。下列有关票据权利消灭时效的表述，错误的是（　　）。

A. 持票人对商业汇票的出票人的权利，自票据到期日起2年

B. 持票人对商业汇票的承兑人的权利，自票据到期日起1年

C. 持票人对支票出票人的权利，自出票日起6个月

D. 持票人对前手的再追索权，自清偿日或被提起诉讼之日起3个月

20. 甲签发一张汇票给乙，乙背书转让给丙，丙又背书转让给丁，丁又背书转让给乙。乙提示付款时被拒，则乙行使票据追索权的对象是（ ）。

A. 甲　　　　B. 丁

C. 丙、丁　　　　D. 甲、丙、丁

21. 企业国有股东公开征集转让所持上市公司股份的，国有股东收取转让价款应（ ），其余价款应在股份过户前全部结清。

A. 在股份转让协议签订后3个工作日内收取不低于转让价款10%的保证金

B. 在股份转让协议签订后5个工作日内收取不低于转让价款20%的保证金

C. 在股份转让协议签订后5个工作日内收取不低于转让价款30%的保证金

D. 在股份转让协议签订后10个工作日内收取不低于转让价款50%的保证金

22. 根据《企业国有资产交易监督管理办法》的规定，下列关于企业产权转让的表述，不正确的是（ ）。

A. 因产权转让致使国家不再拥有所出资企业控股权的，须由国有资产监督管理机构报本级人民政府批准

B. 对主业处于关系国家安全、国民经济命脉的重要行业和关键领域，主要承担重大专项任务的子企业的产权转让，须由国家出资企业报同级国有资产监督管理机构批准

C. 产权转让涉及职工安置事项的，安置方案应当经职工代表大会或者职工大会审议通过

D. 产权转让项目首次正式信息披露的转让底价，不得低于经核准或者备案的转让标的评估结果的90%

23. 根据《反垄断法》的规定，有正当理由，以低于成本的价格销售商品不构成滥用市场支配地位的垄断行为。下列表述不属于正当理由是（ ）。

A. 降价处理鲜活商品的

B. 降价处理有效期限即将到期的

C. 商品因清偿债务、转产、歇业降价销售商品的

D. 为推广新商品进行促销的

24. 根据《外商投资法》有关外商投资保护的规定，下列表述正确的是（ ）。

A. 国家对外国投资者的投资不实行征收；在特殊情况下，国家为了公共利益需要实行征收的，应当按照评估价值及时给予补偿

B. 地方各级人民政府及其有关部门向外国投资者、外商投资企业作出的政策承诺以及依法订立的各类合同，因行政区划调整、政府换届、机构或者职能调整以及相关责任人更替等原因可以解除

C. 外商投资企业或者其投资者认为行政机关及其工作人员的行政行为侵犯其合法权益的，除可以通过申请协调解决外，还可以依法申请行政复议、提起行政诉讼

D. 根据国家利益和公共利益的需要，行政机关可以利用实施行政许可、行政强制等手段，强制外国投资者转让技术

**二、多项选择题**（本题型共 14 题，每题 1.5 分，共 21 分。每题均有多个正确答案，请从每题的备选答案中选出你认为正确的答案。不答、错答、漏答均不得分）

1. 代理人从事的下列行为中，根据有关法律的规定，属于无效代理的有（　　）。

A. 代理他人与自己进行民事活动

B. 基于授权不明的委托书进行代理活动

C. 代理双方当事人进行同一民事活动

D. 代理人超越代理权而与善意第三人进行的民事活动

2. 根据我国《物权法》的规定，抵押人将已抵押的财产转让的，下列行使抵押权的做法，正确的有（　　）。

A. 抵押物已办理登记的，受让人可以代替债务人清偿其全部债务，使抵押权消灭

B. 抵押人转让未办理登记的抵押物，抵押权人可向受让人主张抵押权

C. 转让抵押物的价款明显低于其价值的，抵押权人可以要求抵押人就债务清偿提供相应的担保

D. 抵押人转让抵押物的价款应向抵押权人提前清偿所担保的债权或向与抵押权人约定的第三者提存

3. 下列关于合同约定不明确条款的处理办法，正确的有（　　）。

A. 当事人就质量、价款或报酬、履行地点等内容没有约定或约定不明的，又不能达成补充协议的，按合同有关条款或交易惯例确定

B. 质量要求不明确，也没有国家标准、行业标准的，按照通常标准或者符合合同目的的特定标准履行

C. 履行期限不明确的，债务人可以随时履行，债权人也可以随时要求履行，但债权人要求履行的，必须给债务人必要的准备时间，债务人履行则不必给债权人准备时间

D. 履行费用的负担不明确的，动产买卖合同由卖方负担运费

4. 下列有关借款合同的说法，符合规定的有（　　）。

A. 自然人之间的借款合同可以不采用书面形式

B. 利息预先在本金中扣除的，应当按照实际借款数额返还借款并计算利息

C. 借款期间不满 1 年的，必须在返还借款时一并支付

D. 自然人之间的借款合同对支付利息没有约定或者约定不明确的，视为不支付利息

5. 甲、乙设立一家合伙企业。乙欠丙 30 000 元债务，其个人财产不足清偿该笔到期债务。丙欠该合伙企业 30 000 元债务。下列各项，符合法律规定的做法有（　　）。

A. 丙可以代位行使乙在合伙企业中的权利

B. 乙可将从合伙企业中分取的收益用于清偿丙的债务

C. 丙可以请求法院强制执行乙在合伙企业中的财产份额用于清偿

D. 丙可将乙欠其的 30 000 元债务与丙欠合伙企业的 30 000 元债务相抵销

6. 根据公司法律制度的规定，下列论述正确的有（　　）。

A. 公司设立的前置营业许可包括设立许可、项目许可

B. 为设立公司预先核准的公司名称的保留期为 6 个月，保留期内不得用于从事经营活动，不得转让

C. 公司设立时股东以非货币财产出资的，公司成立后发现其出资的实际价额低于章程所定价额，除该股东补足差额外，其他股东也应承担连带责任

D. 有限责任公司的增资方案须经出席股东会的、代表2/3以上表决权的股东通过

7. 王某为某单位的负责人，其以李某的名义，与张某、陈某一起设立了甲有限责任公司。根据相关法律规定，下列做法合法的有（　　）。

A. 因王某已经实际履行了出资义务，所以其可以向李某主张股东权利

B. 根据A项，王某可以不经公司其他股东半数以上同意，要求公司登记机关将自己登记为股东

C. 李某将其名下的部分股份转让给善意第三人朱某，并且办理了变更登记手续，则该转让生效

D. 甲公司的债权人乙公司以李某未实际履行出资义务为由，要求其对公司债务不能清偿的部分在未出资本息范围内承担补充赔偿责任，李应承担上述责任

8. 根据企业破产法律制度的规定，可以提出破产重整申请的有（　　）。

A. 债务人　　B. 管理人

C. 债权人　　D. 出资人

9. 甲企业不能清偿到期债务被债权人提起破产申请人民法院受理。根据《企业破产法》的规定，下列情形符合规定的有（　　）。

A. 甲企业与乙企业之间未履行完毕的买卖合同应当终止履行

B. 丙企业与甲企业的货款纠纷经法院两审终审作出判决，已进入的执行程序应当中止

C. 甲企业与丁建筑公司工程款纠纷的民事诉讼在法院审理中，应当并入破产案件审理

D. 戊企业欠甲企业劳务费的纠纷，只能向受理破产申请的人民法院提起相关诉讼

10. 根据《企业破产法》的规定，抵销权的行使应当符合一定的要求，该要求包括（　　）。

A. 债权人对债务人负有债务，且债权人对债务人所负债务产生于破产申请受理之前

B. 债权人对债务人负有债务，且债权人对债务人所负债务产生于破产申请受理之后

C. 抵销权只能由债权人行使，且债权人必须向债务人提出

D. 抵销权只能由债权人行使，且债权人必须向管理人提出

11. 根据票据法律制度的规定，下列有关票据上签章效力的表述，正确的有（　　）。

A. 出票人在票据上签章不符合规定的，票据无效

B. 承兑人在票据上签章不符合规定的，其签章无效，但不影响其他符合规定签章的效力

C. 保证人在票据上签章不符合规定的，其签章无效，但不影响其他符合规定签章的效力

D. 背书人在票据上签章不符合规定的，其签章无效，但不影响其前手符合规定签章的效力

12. 国有股东受让上市公司股份的方式包括（　　）。

A. 通过证券交易系统增持　　B. 协议受让

C. 要约收购上市公司股份　　D. 认购上市公司发行股票

13. 根据法律规定，符合下列（　　）情况的，适用经营者集中审查的简易审查程序。

A. 在同一相关市场，所有参与集中的经营者所占的市场份额之和小于 15%

B. 存在上下游关系的参与集中的经营者，在上下游市场所占的份额均小于 25%

C. 不在同一相关市场，也不存在上下游关系的参与集中的经营者，在与交易有关的每个市场所占的份额均小于 25%

D. 参与集中的经营者收购境外企业股权或资产的，该境外企业不在中国境内从事经济活动

14. 根据对外贸易救济的法律规定，下列（　　）项论述是正确的。

A. 临时反倾销措施实施的期限，自临时反倾销措施决定公告规定实施之日起，一般不超过 4 个月

B. 反倾销税的征收期限一般不超过 5 年

C. 临时保障措施的实施期限，自临时保障措施决定公告规定实施之日起，不超过 200 天

D. 自临时反补贴措施决定公告规定实施之日起不超过 4 个月，不得延长

**三、综合题**（本题型共 4 题，第 1 题 14 分，第 2 题 19 分，第 3 题 14 分，第 4 题 8 分，共 55 分）

1. 2016 年 4 月，甲公司与乙建筑公司签订将 A 写字楼整体改造为商务酒店的工程总承包合同，约定：工程造价 3 000 万元，工期 1 年；合同签订后，甲公司支付 1 500 万元工程款，剩余 1 500 万元拟在工程竣工验收合格后一次付清。

2016 年 5 月，乙公司从丙融资租赁公司租赁升降机、起重机各一台。双方约定：租金共计 48 万元，从当年 6 月开始，按月分 12 期支付，每期 4 万元。双方未对未按时支付租金时如何处理以及升降机、起重机在租赁期满后的归属作出约定。

2016 年 8 月，施工期间升降机发生故障。乙公司要求丙公司派员进行维修，丙公司拒绝，为不影响工期乙公司只好自行修复升降机花费维修费 3 万元。乙公司要求丙公司承担维修费，丙公司拒绝。为此，2016 年 9 月乙公司开始停止支付租金。2017 年 1 月，丙公司通知乙公司：由于欠交 4 个月租金，乙公司须在 2017 年 2 月的租金支付日支付全部剩余租金，否则解除合同。乙公司在 2017 年 2 月将支付了剩余租金，但是抵扣了升降机的维修费 3 万元。

租赁期满后，丙公司要求乙公司返还租赁设备并承担未按期支付租金的违约责任，向丙公司支付违约金。

2016 年 10 月，甲公司以 B 写字楼抵押向当地建设银行贷款 1.5 亿元，借期 1 年。双方办理了抵押登记。2017 年 1 月甲公司从丁公司借款 5 000 万元，借期 6 个月，月利率 10%。甲公司仍以 B 写字楼为抵押，并为丁公司办理第二顺位抵押登记。

2017 年 4 月，乙公司如期完成工程建设，要求甲公司验收，并要求支付剩余工程款。甲公司验收合格，但拒绝支付剩余工程款，理由是：根据相关规定，承包该工程需具备一级承包资质，但乙公司在签订建设工程总承包合同时仅有二级资质，一级资质直到 2017 年 1 月才取得，故合同无效。

2017 年 7 月，甲公司无力偿还丁公司借款，丁公司诉至人民法院，请求拍卖甲公司设定抵押权的写字楼，偿还所欠借款本金 5 000 万元及利息。2017 年 8 月，写字楼被拍卖，拍

卖价款2.5亿元；乙公司得知后，要求首先清偿其工程款债权1 500万元。建设银行要求提存1.5亿元及利息以确保其债权到期后能获清偿。

根据上述资料及相关法律规定，分别回答下列问题：

（1）甲公司关于乙公司签订改造装修工程总承包合同时，资质等级没有达到规定标准，合同因而无效的主张是否成立？请说明理由。

（2）丙公司是否有权拒绝承担升降机的维修费用？请说明理由。

（3）乙公司是否有权在支付租金时直接扣除升降机的维修费3万元？请说明理由。

（4）丙公司要求乙公司返还租赁设备并承担未按期支付租金的违约责任，向丙公司支付违约金的请求是否符合法律规定？请分别说明理由。

（5）甲公司与丁公司的借款合同是否有效？借款利率约定为10%是否违反法律规定？请分别说明理由。

（6）乙公司关于写字楼拍卖价款首先清偿其工程款债权的主张是否成立？请说明理由。

（7）建设银行要求提存2.5亿元及利息以确保其债权到期后能获清偿的主张是否成立？请说明理由。

2. 吉祥股份有限公司（本题简称“吉祥公司”）是一家于2013年1月在上海证券交易所上市的上市公司。该公司董事会于2014年3月28日召开会议，该次会议召开的情况以及讨论的有关问题如下：

（1）股份公司董事会由10名董事组成。出席该次会议的董事有7名。此外，董事李某因临时有事不能出席会议，电话委托出席会议的董事王某代为出席并表决；董事张某因病不能出席会议，委托董事会秘书刘某代为出席并表决。

（2）会议提议于4月召开临时股东大会对部分重要事项作出决议，出席会议董事中6人表示同意。

（3）公司章程规定，吉祥公司对合作伙伴的担保事宜由董事会进行决议。会议对吉祥公司是否对合作伙伴如意公司提供担保展开讨论并表决，与会董事中4名表示同意，3名表示反对。

2014年5月25日，该公司召开股东大会，该次会议召开的情况以及讨论的有关情况如下：

（1）本次会议准备对公司章程关于担保事宜的规定进行修改，出席会议股东所持表决权的55%同意该修改。

（2）本次会议通过了一个非公开发行股票的决议，发行方案包含但不限于以下要点：①本次非公开发行股票的对象为20名机构投资者；②本次非公开发行股票的发行价格，不低于定价基准日前20个交易日公司股票均价的90%；③投资者在本次非公开发行中认购的股份，自发行结束之日起3个月内不得转让。

（3）吉祥公司准备聘用甲会计师事务所审计2015年的年报，出席会议股东所持表决权的60%同意该聘任。

（4）吉祥公司准备将主要财产转让给关联公司幸福公司，出席会议股东所持表决权的80%同意该修改，其中，投反对票的股东A要求公司按照合理价格收购其股权。

（5）该次股东大会会议记录由主持人和出席会议的董事签名存档。

根据上述内容，分别回答下列问题：

（1）出席该次董事会会议的董事人数是否符合规定？董事李某和董事张某委托他人出席该次董事会会议是否有效？请分别说明理由。

（2）在董事会关于召开临时股东大会的决议作出之后，应当在多长时间内召开临时股东大会？其他应召开临时股东大会的情形有哪些？

（3）吉祥公司对如意公司提供担保的决议能否通过？请说明理由。

（4）吉祥公司关于公司章程修改的决议能否通过？请说明理由。

（5）吉祥公司非公开发行股票的方案是否符合法律规定？请说明理由。

（6）吉祥公司关于聘用甲会计师事务所的决议能否通过？请说明理由。

（7）股东 A 可否要求公司收购其股权？请说明理由。

（8）会议记录由主持人和出席会议的董事签名存档是否符合规定？请说明理由。

3. A 股份有限公司于 2010 年上市，股本总额 12 亿元，主营业务为环保器械研发与生产。B 公司是从事环保材料业务的有限责任公司。甲公司和乙公司分别持有 B 公司 80% 和 20% 的股权。为谋求业务发展，2016 年 6 月 3 日，A 公司、B 公司、甲公司、乙公司签署了四方重组协议书，协议的主要内容包括：（1）A 公司以主业资产及负债（资产净额经评估为 12 亿元），置换甲公司持有的 B 公司的全部股权；（2）A 公司以 4 亿元现金购买乙公司持有的 B 公司的全部股权。A 公司最近一个会计年度经审计的合并财务会计报告显示期末净资产额为 16 亿元。

A 公司召开的临时股东大会对资产重组事项进行了表决。出席该次股东大会的股东共持有 4.5 亿股有表决权的股票。关于资产重组的议案获得 3.1 亿股赞成票，其中 2 000 万股的持有人同时为 B 公司董事。

因种种原因，上述重组未能成功，A 公司转而谋求收购 C 非上市公众公司。2016 年底，A 公司与 C 公司签订了收购协议。在股份完成过户以前，A 公司通过控股股东提议改组 C 公司的董事会。

经查，A 公司于 2015 年有严重的证券市场失信行为。

根据上述内容，分别回答下列问题：

（1）上述资产重组交易属于何种类型重组？应由中国证监会哪个机构核准？请分别说明理由。

（2）A 公司临时股东大会的表决是否能通过上述资产重组决议？请说明理由。

（3）法律对上市公司重大重组表决的统计与信息披露有何种特别要求？

（4）A 公司能否收购 C 公司？请说明理由。

（5）如果确有必要，D 公司要求改组 A 公司董事会的提议能否实现？怎样实现？请分别说明理由。

（6）如果 A 公司通过协议方式，在 C 公司中拥有权益的股份拟达到 C 公司已发行股份 8% 的，是否需要进行信息披露？请说明理由。

（7）如果 A 公司发出全面要约收购的，其要约价格不得低于何种价格？

（8）为了实现收购行为，A 公司应将多少履约保证金存入中国证券登记结算有限责任公司指定的银行等金融机构？

4. A、B 公司于 2016 年 3 月 20 日签订买卖合同。根据合同约定，B 公司于 3 月 25 日发出 100 万元的货物，A 公司将一张出票日期为 4 月 1 日、金额为 100 万元、见票后 3 个月付款的银行承兑汇票交给B公司。4月10日，B公司向承兑人甲银行提示承兑，承兑日期为4月10日。B公司在与C公司的买卖合同中，将该汇票背书转让给C公司。5月20日，C公司在与D公司的买卖合同中，将其质押给D公司。C公司在汇票上只是进行签章而未记载质押背书。5月25日，D公司将该汇票背书转让给E公司，E公司为善意的、支付对价的持票人。

7月12日，持票人E公司提示付款时，承兑人甲银行以A公司未能足额交存票款为由，拒绝付款，并于当日签发拒绝证明。7月20日，E公司向A公司、B公司、C公司发出追索通知。A公司以B公司发来的货物不符合合同约定为由，拒绝承担票据责任；B公司以E公司未在法定期限内发出追索通知为由，拒绝承担票据责任；C公司以D公司无权背书转让汇票为由，拒绝承担票据责任。

根据上述资料及《票据法》的规定，分别回答下列问题：

（1）E公司于7月12日向甲银行提示付款的时间是否符合法律规定？请说明理由。如果持票人未在法定期限内提示付款，其法律后果是什么？

（2）持票人E公司于7月20日向A公司、B公司、C公司发出追索通知的时间是否符合法律规定？请说明理由。如果持票人未在法定期限内发出追索通知，其法律后果是什么？

（3）如果E公司于2017年4月1日才向B公司发出追索通知，其追索权是否丧失？请说明理由。

（4）如果E公司于2018年7月5日才行使票据的付款请求权，对承兑人的票据权利是否丧失？请说明理由。

（5）C公司将汇票背书转让给D公司时，如未在汇票上签章，是否构成票据质押？请说明理由。

（6）A公司拒绝E公司的理由是否成立？请说明理由。

# 2020年注册会计师全国统一考试《经济法》全真模拟试题（一）参考答案及解析

## 一、单项选择题

1. 答案：C

解析：选项A，可撤销民事法律行为的撤销，应由撤销权人以撤销行为为之，人民法院不主动干预。选项B，当事人自知道或者应当知道撤销事由之日起1年内，或者当事人受胁迫，自胁迫行为终止之日起1年内，没有行使撤销权的，撤销权消灭；重大误解的当事人自知道或者应当知道撤销事由之日起3个月内没有行使撤销权的，撤销权消灭；当事人自民事法律行为发生之日起5年内没有行使撤销权的，撤销权消灭。选项C、D，可撤销的民事法律行为在撤销前已经生效，在被撤销以前，其法律效果可以对抗除撤销权人以外的任何人。

2. 答案：C

解析：选项A，除斥期间届满，实体权利消灭；选项B，除斥期间是不变期间，不适用诉讼时效的中断、中止和延长的规定；选项C，除斥期间一般适用于形成权，如追认权、解除权、撤销权；选项D，除斥期间无论当事人是否主张，人民法院均应当主动审查。

3. 答案：A

解析：本题考核抵押权效力的相关规定。如果抵押权设定在先，出租在后，已登记的抵押权实现后，租赁合同对受让人不具有约束力。

4. 答案：A

解析：撤回要约的通知与要约同时到达受要约人，这个时候要约还没有发生法律效力。

5. 答案：A

解析：本题考核合同的生效。附条件的合同是指当事人在合同中约定某种事实状态，并以其将来发生或者不发生作为合同生效或者不生效的限制条件。本题中"该车能顺利通过下一年度年检"即为生效条件。

6. 答案：C

解析：定金合同为实践合同，从实际交付定金之日起生效。实际交付的定金数额多于或者少于约定数额，视为变更定金合同；收受定金一方提出异议并拒绝接受定金的，定金合同不生效。

7. 答案：D

解析：合伙协议不得约定将全部利润分配给部分合伙人或者由部分合伙人承担全部亏损。

8. 答案：B

解析：本题考核普通合伙人转换为有限合伙人的规定。根据规定，有限合伙企业至少应当有一个普通合伙人。该企业中，甲和乙均为普通合伙人，因此，甲转变为有限合伙人是符合规定的；普通合伙人转变为有限合伙人的，对其作为普通合伙人期间合伙企业发生的债务承担无限连带责任；除合伙协议另有约定外，普通合伙人转变为有限合伙人，或者有限合伙人转变为普通合伙人，应当经全体合伙人一致同意。因此，选项 B 是正确的。

9. 答案：D

解析：股份有限公司监事会职权包括：（1）检查公司财务；（2）对违反法律法规公司章程或者股东会会议的董事、高级管理人员提出罢免的建议；（3）要求董事经理纠正其损害公司利益的行为；（4）提议召开临时股东会；（5）向股东大会会议提出提案；（6）对董事、高级管理人员提出诉讼；选项 D 属于经理的职权。

10. 答案：B

解析：本题考核法定公积金的提取。当公司法定公积金累计额已达到注册资本的 50% 时可不再提取，而本题中该公司法定公积金累计额未达到注册资本的 50%，仍应按照规定提取。法定公积金按照公司税后利润的 10% 提取。

11. 答案：D

解析：法律规定，经人民法院调解公司收购原告股份的，公司应当自调解书生效之日起 6 个月内将股份转让或者注销。股份转让或者注销之前，原告不得以公司收购其股份为由对抗公司债权人，故选项 D 错。

12. 答案：C

解析：本题考核创业板上市的条件。根据规定，最近一期末净资产不少于人民币 2 000万元，且不存在未弥补亏损，因此选项 A 的说法错误；发行后股本总额不少于人民币 3 000 万元，因此选项 B 的说法错误；发行人应当主要经营一种业务，其生产经营活动符合法律、行政法规和公司章程的规定，符合国家产业政策及环境保护政策，因此选项 D 的说法错误。

13. 答案：B

解析：证券的代销、包销期限最长不得超过 90 日。

14. 答案：D

解析：管理人收到债权申报材料后，应当登记造册，对申报的债权进行审查，并编制债权登记表。债权登记表应当提交第一次债权人会议核查。

15. 答案：A

解析：根据《企业破产法》的规定，破产申请应向对破产案件有管辖权的人民法院提出。企业破产案件由债务人住所地人民法院管辖。债务人住所地是指债务人的主要办事机构所在地，债务人主要办事机构不明确的，由其注册地人民法院管辖。

16. 答案：B

解析：本题考核受理破产的效力。人民法院受理破产申请后，管理人对破产申请受理前成立而债务人和对方当事人均未履行完毕的合同，有权决定解除或继续履行。管理人决定继续履行合同的，对方当事人应当履行，但是对方当事人有权要求管理人提供担保。管理人不提供担保的，视为解除合同。

17. 答案：C

解析：《企业破产法》规定，人民法院受理破产申请后发生的下列费用为破产费用：（1）破产案件的诉讼费用；（2）管理、变价和分配债务人财产的费用；（3）管理人执行职务的费用、报酬和聘用工作人员的费用。因此，选项 C 正确。

18. 答案：C

解析：专用存款账户，是指存款人因特定用途需要开立的账户。特定用途的资金范围包括：（1）基本建设的资金；（2）更新改造的资金；（3）特定用途需要专户管理的资金。

19. 答案：B

解析：本题考核票据权利的消灭。根据我国《票据法》第十七条的规定，票据权利因在一定期限内不行使而消灭的情形有四种：（1）持票人对票据的出票人和承兑人的权利，自票据到期日起 2 年；见票即付的汇票、本票，自出票日起 2 年。（2）持票人对支票出票人的权利，自出票日起 6 个月。（3）持票人对前手的追索权，自被拒绝承兑或者被拒绝付款之日起 6 个月。（4）持票人对前手的再追索权，自清偿日或者被提起诉讼之日起 3 个月。

20. 答案：A

解析：这是关于回头背书的规定。乙只能向其前手甲行使追索权，而不能向其原来的后手丙、丁行使追索权。

21. 答案：C

解析：企业国有股东公开征集转让所持上市公司股份的，国有股东收取转让价款应在股份转让协议签订后 5 个工作日内收取不低于转让价款 30% 的保证金，其余价款应在股份过户前全部结清。

22. 答案：D

解析：产权转让项目首次正式信息披露的转让底价，不得低于经核准或者备案的转让标的评估结果。

23. 答案：D

解析：D 选项，在合理期限内为推广新商品进行促销的。

24. 答案：C

解析：A 选项，国家对外国投资者的投资不实行征收。在特殊情况下，国家为了公共利益的需要依照法律规定对外国投资者的投资实行征收的，应当依照法定程序、以非歧视性的方式进行，并按照被征收投资的市场价值及时给予补偿。B 选项，地方各级人民政府及其有关部门应当履行向外国投资者、外商投资企业依法作出的政策承诺以及依法订立的各类合同，不得以行政区划调整、政府换届、机构或者职能调整以及相关责任人更替等为由违约毁约。C 选项，外商投资企业或者其投资者认为行政机关及其工作人员的行政行为侵犯其合法权益的，除依照前款规定通过外商投资企业投诉工作机制申请协调解决外，还可以依法申请行政复议、提起行政诉讼。D 选项，行政机关（包括法律、法规授权的具有管理公共事务职能的组织）及其工作人员不得利用实施行政许可、行政检查、行政处罚、行政强制以及其他行政手段，强制或者变相强制外国投资者、外商投资企业转让技术。

## 二、多项选择题

1. 答案：AC

解析：选项 B、D 属于表见代理情况，仍应由被代理人承担代理的法律后果。

2. 答案：ACD

解析：抵押人转让未经登记的抵押物，抵押权不得对抗受让人，因此给抵押权人造成损失的，由抵押人承担赔偿责任。

3. 答案：AB

解析：法律规定，履行期限不明确的，债务人可以随时履行，债权人也可以随时要求履行，但无论债务人履行还是债权人要求履行，都必须给对方必要的准备时间，故选项 C 错。履行费用的负担不明确的，由履行义务一方负担；卖方是否承担运货的义务视合同约定，故选项 D 错。

4. 答案：ABD

解析：本题考核借款合同的规定。借款人应当按照借款合同约定的期限支付利息，只有对支付利息的期限没有约定或者约定不明确，当事人不能达成补充协议的，借款期间不满 1 年的，才应当在返还借款时一并支付。

5. 答案：BC

解析：合伙人个人财产不足清偿其个人所负债务的，该合伙人只能以其从合伙企业中分取的收益用于清偿，债权人也可依法请求法院强制执行该合伙人在合伙企业中的财产份额用于清偿，但不得以该债权抵销其对合伙企业的债务。

6. 答案：AB

解析：法律规定，公司设立时股东以非货币财产出资的，公司成立后发现其出资的实际价额低于章程所定价额，除该股东补足差额外，公司设立时的其他股东（或发起人）还应承担连带责任，故选项 C 错。有限责任公司的增资方案须经 2/3 以上（非出席会议 2/3 以上）有表决权的股东通过，故选项 D 错。

7. 答案：ACD

解析：法律规定，名义股东以公司股东名册记载、公司登记机关登记为由否认实际出资人权利的，人民法院不予支持。实际出资人未经公司其他股东半数以上同意，请求公司变更股东、签发出资证明书、记载于股东名册、记载于公司章程并办理公司登记机关登记的，人民法院不予支持。

8. 答案：AC

解析：根据规定，可以申请重整的包括债务人、债权人和出资额占债务人注册资本1/10

以上的出资人。

9. 答案：BD

解析：根据规定，人民法院受理破产申请后，管理人对破产申请受理前成立而债务人和对方当事人均未履行完毕的合同有权决定解除或者继续履行，并通知对方当事人；A 选项错误。人民法院受理破产申请后，已经开始而尚未终结的有关债务人的民事诉讼或者仲裁应当中止；在管理人接管债务人的财产后，该诉讼或者仲裁继续进行；C 选项错误。

10. 答案：AD

解析：根据《企业破产法》的规定，抵销权的行使应当符合下列要求：（1）债权人对债务人负有债务，且债权人对债务人所负债务产生于破产申请受理之前。这种互负债务，无论是否已到清偿期限，无论债务标的、给付种类是否相同，均可主张抵销。在破产申请受理之后，债权人对债务人负有的债务，不能主张抵销。（2）抵销权只能由债权人行使，且债权人必须向管理人提出。

11. 答案：ABCD

解析：以上选项均正确。

12. 答案：ABCD

解析：以上选项均正确。

13. 答案：ABCD

解析：法律规定，凡符合下列情况的，适用简易审查程序：（1）在同一相关市场，所有参与集中的经营者所占的市场份额之和小于 15%；（2）存在上下游关系的参与集中的经营者，在上下游市场所占的份额均小于 25%；（3）不在同一相关市场，也不存在上下游关系的参与集中的经营者，在与交易有关的每个市场所占的份额均小于 25%；（4）参与集中的经营者在中国境外设立合营企业，合营企业不在中国境内从事经济活动；（5）参与集中的经营者收购境外企业股权或资产的，该境外企业不在中国境内从事经济活动；（6）由两个以上经营者共同控制的合营企业，通过集中被其中一个或一个以上经营者控制。

14. 答案：ABCD

解析：以上选项均正确。

## 三、综合题

1. 答案：

（1）甲公司关于合同无效的主张不成立。

根据规定，承包人超越资质等级许可的业务范围签订建设工程施工合同，在建设工程竣工前取得相应资质等级，当事人请求按照无效合同处理的不予支持。

结合本案，乙公司在签订建设工程总承包合同时虽仅有二级资质，但是 2017 年 1 月该工程竣工前，乙公司取得了相应资质，该合同不能按照无效合同处理。

（2）丙公司不得拒绝承担升降机的维修费用。

根据规定，租赁合同中，出租人应当履行租赁物的维修义务，但当事人另有约定的除外。承租人在租赁物需要维修时，可以要求出租人在合理期限内维修。

（3）乙公司自行维修升降机所发生的维修费，可以在支付租金时直接扣除。

根据规定，租赁合同中，出租人未履行维修义务的，承租人可以自行维修，维修费由出租人负担。

（4）①丙公司要求乙公司返还租赁设备的请求符合法律规定。

根据规定，租赁合同租期届满，承租人应当返还租赁物。返还的租赁物应当符合按照约定或者按照租赁物的性质使用后的状态。

②丙公司要求乙公司承担未按期支付租金的违约责任，支付违约金的请求不符合法律规定。

根据规定，违约金的责任方式，一般应当是合同当事人在合同中事先约定的责任方式；若无事先约定，则此种责任方式在发生违约行为后无法适用。

结合本案，乙丙双方对未按时支付租金时如何处理未作出约定，则即便发生乙公司违约，丙公司也不得适用违约金的责任方式。

（5）①甲公司与丁公司的借款合同有效。

根据民间借贷司法解释的规定，法人之间、其他组织之间以及他们相互之间为生产、经营需要订立的民间借贷合同，原则上有效。

②甲公司与丁公司的借款利率10%的约定不违反法律规定。

根据规定，民间借贷双方约定的利率未超过24%，出借人请求借款人按照约定的利率支付利息的，人民法院应予支持。

（6）乙公司要求写字楼拍卖价款首先清偿其工程款债权的主张不成立。

根据规定，建设工程合同发包人未按照约定支付价款的，承包人可以催告发包人在合理期限内支付价款。发包人逾期不支付的，除按照建设工程的性质不宜折价、拍卖的以外，承包人可以与发包人协议将该工程折价，也可以申请人民法院将该工程（A写字楼）依法拍卖。建设工程的价款就该工程折价或者拍卖的价款优先受偿。

结合本案，乙公司改造装修的工程项目是A写字楼，而丁公司诉讼至法院请求拍卖的是设定抵押的B写字楼，所以乙公司对B写字楼的拍卖所得没有优先受偿权。

（7）建设银行要求提存2.5亿元及利息的主张成立。

根据规定，同一财产向两个以上债权人抵押的，顺位在后的抵押权所担保的债权先到期的，抵押权人只能就抵押物价值超出顺位在先的抵押担保债权的部分受偿。

结合本案，建设银行的抵押权是第一顺位，丁公司的抵押权是第二顺位，依据上述规定，在抵押物拍卖或变卖后，必须在所得价款中剔除顺位在先的建设银行抵押权所担保的债权额，予以提存，剩余部分方可供顺位在后的丁公司抵押权优先受偿。

2. 答案：

（1）①出席该次董事会会议的董事人数符合规定。

根据规定，董事会会议应有过半数的董事出席方可举行。

②董事李某电话委托董事王某代为出席董事会会议、董事张某委托董事会秘书刘某出席董事会会议均不符合规定。

法律规定，董事因故不能出席董事会会议时，可以书面委托其他董事代为出席。

（2）在董事会认为必要召开临时股东大会时，应当在 2 个月内召开临时股东大会。其他应当召开临时股东大会的情形包括：①董事人数不足法定最低人数 5 人或者不足公司章程规定人数的 2/3 时；②公司未弥补的亏损达实收股本总额的 1/3 时；③单独或者合计持有公司 10% 以上股份的股东请求时；④监事会提议召开时。

（3）吉祥公司对如意公司提供担保的决议不能通过。

法律规定，上市公司由董事会审批的对外担保，必须经出席董事会的 2/3 以上董事审议同意并作出决议。

（4）吉祥公司关于公司章程修改的决议不能通过。

法律规定，修改公司章程的决议须经出席会议的股东所持表决权的 2/3 以上通过。

（5）吉祥公司非公开发行股票的方案有两处不符合法律规定。

法律规定，上市公司非公开发行股票的发行对象不得超过 10 名。发行对象属于下列情形之一的，认购的股份自发行结束之日起 36 个月内不得转让：①上市公司的控股股东、实际控制人或其控制的关联人；②通过认购本次发行的股份取得上市公司实际控制权的投资者；③董事会拟引入的境内外战略投资者。除此之外的发行对象认购的股份自发行结束之日起 12 个月内不得转让。故方案第①③条不符合法律规定。

（6）吉祥公司关于聘用甲会计师事务所的决议可以通过。

法律规定，股东大会一般决议有出席股东大会的股东所持表决权的过半数通过；而聘用会计师事务所的决议为一般决议。

（7）股东 A 不能要求公司收购其股权。

法律规定，股份有限公司异议股东回购请求权仅限于对股东大会作出的公司合并、分立决议持有异议；有限责任公司股东对公司转让重大财产有异议的享有回购请求权。

（8）本次会议记录符合规定。

法律规定，股东大会会议记录由主持人和出席会议的董事签名，而非股东签名。

3. 答案：

（1）①上述资产重组交易属于借壳上市的资产重组。

法律规定，上市公司向收购人及其关联人购买的资产净额占上市公司控制权发生变更的前一个会计年度经审计的合并财务会计报告期末净资产额的比例达到 100% 以上的，为借壳上市重组。本题 A 公司净资产 16 亿元，向甲乙公司购买 B 公司的股权也是 16 亿元。

②法律规定，借壳上市资产重组交易应由中国证监会并购重组委以投票方式进行表决，提出审核意见。

（2）A 公司临时股东大会的表决不能通过上述资产重组决议。

法律规定，上市公司股东大会就重大资产重组事项作出决议，必须经出席会议的股东所持表决权的 2/3 以上通过。上市公司重大资产重组事宜与本公司股东或者其关联人存在关联关系的，该关联股东应当回避表决。本次股东大会出席股东所持表决权为 4.5 亿股，虽然 3.1 亿股赞成重组事项，但其中2 000 万股为关联股东持有，故赞成的票数只有 2.9 亿股，不符合通过决议的票数要求。

（3）法律规定，上市公司股东大会表决重大重组议案的，对中小股东（除上市公司董事、监事、高级管理人员、单独或者合计持有上市公司 5% 以上股份的股东以外）的投票情况应当单独统计并予以披露。

(4) A公司不能收购C公司。

法律规定，收购人最近两年有严重的证券市场失信行为的，不能收购非上市公众公司。

(5) 如果确有必要，A公司改组C公司董事会的提议能够实现，但来自A公司的董事不能超过董事会成员的1/3。

因为法律规定，以协议方式进行公众公司收购的，自签订收购协议起至相关股份完成过户的期间为公众公司收购过渡期。在过渡期内，收购人不得通过控股股东提议改选公众公司董事会，确有充分理由改选董事会的，来自收购人的董事不得超过董事会成员的1/3。

(6) 如果A公司通过协议方式，在C公司中拥有权益的股份拟达到C公司已发行股份8%的，不需要进行信息披露。

法律规定，通过协议方式，投资者及其一致行动人在公众公司中拥有权益的股份拟达到或者超过公众公司已发行股份10%的，应当编制并披露权益变动报告书。

(7) 如果A公司发出全面要约收购的，其要约价格不得低于要约收购报告书披露日前6个月内取得该种股票所支付的最高价格。

(8) 为了实现收购行为，A公司应将不少于收购价款总额的20%作为履约保证金存入中国证券登记结算有限责任公司指定的银行等金融机构。

4. 答案：

(1) ①E公司提示付款的时间符合规定。

根据规定，见票后定期付款的汇票，自到期日起10日内提示付款。在本题中，提示付款期限为7月10日~7月20日。②如果持票人未在法定期限内提示付款的，则丧失对前手的追索权，但承兑人或付款人的票据责任不能解除。持票人在作出说明后，付款人仍应付款。

(2) E公司发出追索通知的时间不符合规定。

根据规定，持票人应当自收到被拒绝承兑或者拒绝付款的有关证明之日起3日内，将被拒绝的事由书面通知其前手。如果持票人未在法定期限内（3日）发出追索通知的，持票人仍可以行使追索权，但因延期通知给其前手或者出票人造成损失的，应承担该损失的赔偿责任，赔偿的金额以汇票金额为限。

(3) 如果E公司于2017年4月1日才向B公司发出追索通知，其追索权丧失。

根据规定，持票人对前手的追索权是被拒绝付款之日起6个月。在本题中，持票人E公司于2016年7月12日被拒绝付款后，其应当在6个月内行使追索权，否则该票据权利归于消灭。

(4) 如果E公司于2018年7月5日才行使票据的付款请求权，其票据权利并未丧失。根据规定，持票人对汇票的出票人和承兑人的权利，自票据到期日起2年。在本题中，该汇票的到期日为2016年7月10日，持票人的票据权利在2018年7月10日之前并不消灭。

(5) 如C公司未在汇票上签章，不构成票据质押。

根据规定，如果出质人在汇票上只记载了“质押”字样而未在票据上签章的，或者出质人未在汇票上记载“质押”字样而另行签订质押合同、质押条款的，不构成票据质押。

（6）A 公司拒绝 E 公司的理由不成立。

根据规定，票据债务人不得以其与持票人前手之间的抗辩事由对抗持票人。在本题中，A 公司可以对不履行约定义务的与自己有直接债权债务关系的 B 公司进行抗辩，但 B 公司已经将该汇票转让给第三人。因此，A 公司不能对 E 公司进行抗辩。

# 2020年注册会计师全国统一考试
# 《经济法》全真模拟试题（二）

**一、单项选择题**（本题型共24题，每题1分，共24分。每题只有一个正确答案，请从每题的备选答案中选出一个你认为正确的答案）

1. 根据反垄断法律制度的规定，在认定具有市场支配地位的经营者以不公平的高价销售商品应当考虑相关因素，但下列不属于应当考虑的因素是（　　）。

A. 商品的销售价格是否明显高于其他经营者销售同种商品的价格

B. 在成本基本稳定的情况下，是否超过正常幅度提高商品的销售价格

C. 商品的销售价格是否明显高于成本

D. 商品销售价格的提价幅度是否明显高于成本增长幅度

2. 下列关于法律主体权利能力的表述，正确的是（　　）。

A. 权利能力是指权利主体能够通过自己的行为取得权利和承担义务的能力

B. 自然人的权利能力可分为完全权利能力、限制权利能力与无权利能力

C. 权利能力以行为能力为前提，无行为能力即无权利能力

D. 营利法人、非营利法人与特别法人均具有权利能力

3. 根据我国《物权法》的规定，以企业股权进行质押的，质权设立的时间是（　　）。

A. 主合同签订之日　　B. 质押合同签订之日

C. 将债券交付质权人之日　　D. 办理出质登记之日

4. 根据法律规定，担保合同被确认无效时，债务人、担保人、债权人有过错的，应当根据其过错各自承担相应的民事责任。下列各项，不正确的责任承担方式是（　　）。

A. 主合同有效而担保合同无效，债权人无过错的，担保人与债务人对主合同债权人的经济损失，各承担1/2

B. 主合同有效而担保合同无效，债权人、担保人有过错的，担保人承担民事责任的部分，不应超过债务人不能清偿部分的1/2

C. 主合同无效而导致担保合同无效，担保人无过错的则不承担民事责任

D. 主合同无效而导致担保合同无效，担保人有过错的，担保人承担民事责任的部分，不应超过债务人不能清偿部分的1/3

5. 根据法律规定，下列关于民间借贷合同利息与利率的论述，正确的是（　　）。

A. 借贷双方对借贷利息约定不明的，出借人不得主张支付借期内利息

B. 借贷双方约定的利率超过年利率 36%，超过部分的利息约定无效，但借款人已支付的超过部分的利息不能要求返还

C. 借贷双方约定了借期内的利率但未约定逾期利率，出借人主张借款人自逾期还款之日起按照借期内的利率支付资金占用期间利息的，人民法院应予支持

D. 出借人与借款人既约定了逾期利率，又约定了违约金或者其他费用，出借人可以选择主张逾期利息、违约金或者其他费用，但不能一并主张

6. 甲、乙共同完成一项发明，就该项发明的专利申请权所作的下列判断中，不正确的是（　　）。

A. 甲可以不经乙的同意自行申请专利

B. 乙表示放弃其专利申请权，甲可以单独申请，但取得专利后，乙有权免费使用

C. 乙转让其专利申请权，应签订书面合同

D. 在甲乙双方没有约定的前提下，该发明申请专利的权利属于双方共有

7. 根据《合同法》的规定，融资租赁合同的租金，除当事人另有约定的以外，应当根据（　　）确定。

A. 租赁物的购买价格

B. 租赁物的成本

C. 购买租赁物的大部分或者全部成本以及出租人的合理利润

D. 租赁物的重置成本

8. 除合伙协议另有约定外，下列事项中可以不必经合伙企业全体合伙人一致同意的是（　　）。

A. 向企业登记机关申请办理变更合伙企业的经营范围

B. 以合伙企业名义为他人提供担保

C. 普通合伙人向合伙企业以外的人转让合伙企业中的财产份额

D. 合伙人以房屋等不动产进行出资

9. 根据我国《合伙企业法》的规定，合伙协议未约定合伙企业经营期限的，合伙人在不给合伙企业事务执行造成不利影响的情况下可以退伙，但应当提前一定期限通知其他合伙人。该期限是（　　）。

A. 15 日　　B. 30 日

C. 60 日　　D. 90 日

10. 公司出资人以符合法定条件的非货币财产出资后，因市场变化或者其他客观因素导致出资财产贬值，公司、其他股东或者公司债权人请求该出资人承担补足出资责任的，（　　）。

A. 人民法院应当支持

B. 人民法院不予支持

C. 人民法院应当支持，但当事人另有约定的除外

D. 人民法院不予支持，但当事人另有约定的除外

11. 根据《公司法》规定，公司为公司股东或者实际控制人提供担保的，必须经股东会或者股东大会决议。接受担保的股东或者受实际控制人支配的股东不得参加表决。该项表决

由出席会议的其他股东所持表决权的（ ）以上通过。

A. 1/3 B. 2/3

C. 3/4 D. 1/2

12. 甲公司分立为A公司和B公司，根据分立协议，A公司和B公司按照50%的比例分别承继甲公司的净资产和债务。甲公司的到期债权人乙银行接到分立通知后，提出立即清偿债务的要求。下列表述中，符合公司法律制度规定的是（ ）。

A. 乙银行只能分别请求A公司和B公司各承担50%的债务清偿责任

B. 乙银行只能请求甲公司对该债务承担责任，不能要求A公司和B公司清偿债务

C. 乙银行可请求A公司和B公司对该债务承担连带责任

D. 乙银行可以根据自己的需要分别请求甲公司A公司和B公司对该债务承担连带责任

13. 下列关于股份有限公司发行股票的论述，（ ）是错误的。

A. 公司发行的股票，可以为普通股和优先股

B. 上市公司和非上市公众公司可以公开发行优先股，而且公司已发行的优先股不得超过普通股股份总数的50%

C. 上市公司和非上市公众公司可以公开发行优先股，而且公司筹资金额不得超过发行前净资产的50%

D. 在试点阶段，公司对优先股股息率可以采用固定股息率或者浮动股息率

14. 甲乙双方约定，甲出资80万元、乙出资20万元共同投资设立丙有限责任公司，约定由甲担任法定代表人。在公司设立过程中，乙以丙有限责任公司名义与丁公司签订房屋租赁合同作为丙公司的办公场地，租金20万元，后丙公司设立失败，租金未付。对此，下列说法正确的是（ ）。

A. 由乙承担全部责任

B. 由甲、乙承担连带责任

C. 由丙公司承担全部责任

D. 由甲、乙依出资比例按份承担责任

15. 下列关于公司债券非公开发行的论述，（ ）是正确的。

A. 自中国证监会核准发行之日起，公司应在6个月内首期发行，剩余数量应当在24个月内发行完毕

B. 非公开发行的公司债券应当向合格投资者发行，每次发行对象不得超过100人

C. 非公开发行公司债券必须进行信用评级

D. 非公开发行的公司债券仅限于合格投资者范围内转让。转让后，持有同次发行债券的合格投资者合计不得超过200人

16. 甲有限公司章程规定，股东优先购买权的行使期间是收到书面转让通知之日起60日。股东赵某拟对外转让股权并书面通知其他股东：欲行使优先购买权者，请自收到通知之日起20日内提出。根据公司法律制度的规定，其他股东优先购买权的行使期间是（ ）。

A. 自收到赵某书面通知之日起20日内

B. 自收到赵某书面通知之日起80日内

C. 自收到赵某书面通知之日起30日内

D. 自收到赵某书面通知之日起60日内

17. 根据《企业破产法》的规定，下列各项中，不属于共益债务的是（　）。

A. 管理人员的报酬

B. 在受理破产申请后，管理人决定继续经营而支付的劳动报酬、社会保险费等

C. 人民法院受理破产申请后，由于履行合同发生的公证费、律师费等

D. 在债务人重整期间，债务人为继续履行合同而负担的债务

18. 根据《企业破产法》的有关规定，债权人会议通过和解协议草案的决议应当由（　）。

A. 出席会议的有表决权的债权人过半数通过，并且其所代表的债权额占无财产担保债权总额的1/2以上

B. 出席会议的有表决权的债权人过半数通过，并且其所代表的债权额占全部债权总额的2/3以上

C. 全体有表决权的债权人过半数通过，并且其所代表的债权额占无财产担保债权总额的2/3以上

D. 全体有表决权的债权人过半数通过，并且其所代表的债权额占全部债权总额的2/3以上

19. 甲将一张由乙承兑的汇票转让给丙，丙在该票据上注明“不得转让”字样交给丁，丁将该票据背书转让给戊。下列人员中，对戊不承担票据责任的是（　）。

A. 甲　　B. 乙

C. 丙　　D. 丁

20. 根据《票据法》规定，商业汇票的失票人可以向（　）申请公示催告。

A. 出票人所在地的基层人民法院

B. 出票人开户银行所在地的基层人民法院

C. 承兑人所在地的基层人民法院

D. 代理付款银行所在地的基层人民法院

21. 根据支付结算法律制度的规定，委托收款的付款人应当在接到通知的当日书面通知银行付款。如果付款人未在（　）通知银行付款的，视同付款人同意付款。

A. 银行发出通知之日起3日内　　B. 银行发出通知的次日起3日内

C. 接到通知之日起3日内　　D. 接到通知的次日起3日内

22. 根据企业国有资产法律制度的规定，下列关于国有资本控股公司的表述，不正确的是（　）。

A. 国有资本控股公司包括有限责任公司和股份有限公司

B. 出资额占有限责任公司资本总额50%以上的股东或者持有的股份占股份有限公司股本总额50%以上的股东，构成国有资本控股

C. 出资额或者持有的比例虽然不足50%，但依其出资额或者持有的股份享有的表决权已足以对股东会、股东大会的决议产生重大影响的股东，构成国有资本控股

D. 出资额或者持有的比例不足50%，即使依其出资额或者持有的股份享有的表决权已足以对股东会、股东大会的决议产生重大影响的股东，亦不构成国有资本控股

23. 生产同类产品的甲公司与乙公司某日签订协议，约定甲公司的产品只销往西北、华

北和华东地区，乙公司的产品只销往西南、华中和东北地区。根据《反垄断法》的规定，这种签订协议的行为属于（　）。

A. 分割采购市场行为　　B. 抵制交易行为

C. 分割销售市场行为　　D. 固定转售价格行为

24. 根据《外商投资法》的规定，下列不属于外商投资的企业形式的是（　）。

A. 个人独资企业　　B. 合伙企业

C. 有限责任公司　　D. 股份有限公司

**二、多项选择题**（本题型共14题，每题1.5分，共21分。每题均有多个正确答案，请从每题的备选答案中选出你认为正确的答案。不答、错答、漏答均不得分）

1. 根据《物权法》的规定，下列各项，属于国家所有权客体的有（　）。

A. 野生动植物资源　　B. 无线电频谱资源

C. 国防资产　　D. 森林、山岭、草原、荒地、滩涂等

2. 出卖人就同一船舶、航空器、机动车等特殊动产订立多重买卖合同，在买卖合同均有效的情况下，买受人均要求实际履行合同的，处理方式正确的有（　）。

A. 先行受领交付的买受人请求出卖人履行办理所有权转移登记手续等合同义务的，人民法院应予支持

B. 均未受领交付，先行办理所有权转移登记手续的买受人请求出卖人履行交付标的物等合同义务的，人民法院应予支持

C. 均未受领交付，也未办理所有权转移登记手续，依法成立在先合同的买受人请求出卖人履行交付标的物和办理所有权转移登记手续等合同义务的，人民法院应予支持

D. 出卖人将标的物交付给买受人之一，又为其他买受人办理所有权转移登记，已办理所有权登记的买受人请求将标的物交付给自己的，人民法院应予支持

3. 根据《合同法》的规定，在买卖合同中，有关标的物的孳息的表述正确的有（　）。

A. 标的物在交付之前产生的孳息归出卖人所有

B. 标的物在交付之前产生的孳息归买受人所有

C. 标的物在交付之后产生的孳息归买受人所有

D. 标的物在交付之后产生的孳息归出卖人所有

4. 甲公司委托乙拍卖公司拍卖其收到的一批抵债物资。下列关于该业务的论述，正确的是（　）。

A. 乙公司是以自己的名义而不是以甲公司的名义进行该拍卖活动

B. 乙公司未经甲公司同意，以低于甲公司指定的价格卖出该批物资，乙公司补偿甲公司差额的，该买卖对甲公司发生效力

C. 乙公司以高于甲公司指定的价格卖出该批物资，甲乙公司无法商定、按照法律也无法确定增加报酬的，该差价归乙公司

D. 乙公司与该批物资的买受人丙公司签订买卖合同，丙公司迟迟不支付货款，导致甲公司受到损害，乙公司应当承担损害赔偿责任

5. 有限合伙人有下列（　）情况之一的，当然退伙。

A. 作为合伙人的自然人死亡或依法被宣告死亡

B. 作为有限合伙人的自然人在有限合伙企业存续期间丧失民事行为能力

C. 作为合伙人的法人或者其他组织依法被吊销营业执照

D. 有限合伙人丧失偿债能力

6. 甲、乙、丙、丁共同出资设立东方医疗器械有限责任公司。下列关于出资的民事责任的论述，正确的有（　　）。

A. 甲未履行出资义务，并且经催告在合理期间内仍未缴纳，公司股东会可解除其股东资格

B. 乙抽逃出资，协助其抽逃出资的王董事对此承担连带责任

C. 李某代垫资金协助丙设立公司，公司验资后李抽回出资，但丙又不能补足出资的，李某连带承担丙因不能补足出资而产生的相应责任

D. 该医疗器械公司的债权人张某的债权未过诉讼时效期间，其要求未全面履行出资义务的丁承担赔偿责任，丁以出资义务超过诉讼时效期间为由进行抗辩，不符合法律规定

7. 根据《公司法》的规定，应由股份有限公司创立大会行使的职权有（　　）。

A. 审议发起人关于公司筹办情况的报告

B. 对公司的设立费用进行审核

C. 对发起人用于抵作股款的财产的作价进行审核

D. 审议代表公司发行在外有表决权股份总数的5%以上的股东的提案

8. 非上市公众公司定向发行的特定对象包括（　　）。

A. 公司是股东　　　　B. 公司董事

C. 公司监事　　　　D. 公司职工

9. 根据规定，对上市公司增发股票构成障碍的行为有（　　）。

A. 本次发行申请文件有虚假记载、误导性陈述或重大遗漏

B. 擅自改变前次公开发行证券募集资金的用途而未作纠正

C. 最近12个月内受到过证券交易所的公开谴责

D. 最近24个月内存在未履行向投资者作出的公开承诺的行为

10. 根据法律规定，下列关于破产债权人、破产程序的论述，正确的有（　　）。

A. 个人独资企业的资产不足以清偿全部债务时，可以参照适用《企业破产法》规定的破产清算程序进行清算

B. 担保债权人享有破产申请权，故税务机关和社会保险机构享有对债务人的破产申请权、重整申请权

C. 破产案件的级别管辖一概依据破产企业的工商登记情况确定

D. 法院受理破产申请后，租赁合同一般不能解除，在变价破产财产时，房屋可以带租约出售，承租人在同等条件下有优先购买权

11. 根据票据法律制度的规定，下列关于票据特征的表述，正确的是（　　）。

A. 票据是债权证券，即持票人可以就票据上所记载的金额向特定票据债务人行使其请求权

B. 票据是设权证券，即没有票据就没有票据上的权利

C. 票据是文义证券，但如果票据上记载的文义有错，可以依票据之外的其他证据变更或者补充

D. 票据是金钱证券，即持票人可以请求债务人给付一定的金钱

12. 关于国有资产评估组织管理的下列论述，正确的为（　　）。

A. 省级国有资产监管机构和中央企业应当于每年度终了 30 个工作日内将其资产评估情况的统计分析资料上报国务院国有资产监管机构

B. 评估机构分别接受利益冲突双方的委托、对同一评估对象进行评估的行为，为《资产评估法》禁止的行为

C. 属于国家授权投资机构的中央企业负责办理资产总额账面值 4 000 万元（不含）以下的资产评估项目的备案事项

D. 评估机构受理国有资产评估业务，应当指定至少两名相应专业类别的评估师承办

13. 根据垄断协议宽恕制度的处罚规定，下列表述正确的有（　　）。

A. 对于第一个申请者，反垄断执法机构可以免除处罚

B. 对于第一个申请者，反垄断执法机构可以按照不低于 80% 的幅度减轻罚款

C. 对于第二个申请者，反垄断执法机构可以按照 30% 至 50% 的幅度减轻罚款

D. 对于第三个申请者，反垄断执法机构可以按照 20% 至 30% 的幅度减轻罚款

14. 根据《外商投资法》的规定，外商投资企业可以依法在中国境内或者境外的融资方式有（　　）。

A. 公开发行股票　　B. 公开发行公司债券

C. 对外担保　　D. 借用外债

**三、综合题**（本题型共 4 题，第 1 题 13 分，第 2 题 18 分，第 3 题 12 分，第 4 题 12 分，共 55 分）

1. 2012 年 4 月 1 日，王某与丁某签订了房屋买卖合同，双方约定：王某将一栋房屋出售给丁某，房价 120 万元。丁某支付房屋价款后，王某于 2012 年 4 月 10 日向丁某交付了房屋，但双方没有办理产权转移登记。

丁某接收房屋后进行了装修，于 2012 年 4 月 20 日将该房屋出租给叶某，租期为 2 年，双方签订了书面租赁合同。2012 年 4 月 25 日，叶某的邻居张某侵占了该房屋，因张某的侵占行为给叶某造成了 10 万元的经济损失，叶某于 2012 年 5 月 1 日要求张某返还该房屋并赔偿损失，张某无奈于当日返还了该房屋但拒绝赔偿损失。

2012 年 5 月 10 日，王某要求丁某返还该房屋，遭到丁某的拒绝。

2012 年 6 月 1 日，王某因病突然去世，全部遗产由其子小王继承。小王于 2012 年 6 月 5 日办理了产权过户登记，将该房屋产权过户到自己的名下。

2012 年 6 月 10 日，小王拟将该房屋作价 130 万元卖给杜某。同一单元楼的韩某提出自己也准备出价 130 万元，并主张同等条件下的优先购买权。小王仍将该房屋卖给了杜某，双方于 6 月 11 日办理了产权过户登记。

2012 年 6 月 12 日，丁某对该房屋的所有权提出异议，并申请了异议登记，但丁某直到

6 月 30 日未提起诉讼。

2012 年 7 月 1 日，杜某要求叶某返还该房屋，遭到叶某的拒绝。

根据上述内容，分别回答下列问题：

（1）王某与丁某的房屋买卖合同是否已经生效？请说明理由。丁某是否取得了该房屋的所有权？请说明理由。如果该房屋于 2012 年 4 月 12 日遭雷击发生毁损，该房屋毁损、灭失的风险由谁承担？请说明理由。

（2）叶某是否有权要求张某返还该房屋？请说明理由。叶某拟对张某提起民事诉讼，要求张某赔偿其经济损失，叶某应在何时之前提起诉讼？请说明理由。

（3）小王从何时开始取得房屋的所有权？请说明理由。

（4）韩某是否享有优先购买权？请说明理由。

（5）丁某直到 6 月 30 日未提起诉讼将引起何种法律后果？请说明理由。

（6）杜某是否有权请求叶某返还房屋？请说明理由。

2. 某股份有限公司设立于 2011 年 2 月。2016 年 2 月 15 日，该公司召开董事会讨论通过公司在创业板上市首次公开发行股票的方案。

已知该公司的经营状况如下：

（1）最近一年盈利，最近一年营业收入为 6 000 万元。

（2）最近一期末净资产为 2 500 万元，且不存在未弥补亏损。

（3）发行后股本总额为 3 500 万元。

（4）最近两年内主营业务和董事、高级管理人员均没有发生重大变化，实际控制人没有发生变更。

因种种原因，该股份公司在创业板上市的首发未为成功，于 2016 年 3 月决定改为向特定对象发行股份。据了解，本次发行后股东人数可能会超过 200 人；本次定向发行对象除了公司股东以外，还有公司的董事、监事、高级管理人员、核心员工等 50 名。

根据上述资料，分别回答下列问题：

（1）根据本题所提示的内容，该公司是否符合在创业板上市首次公开发行股票的条件？请说明理由。

（2）如果该公司在首次公开发行股票时鼓励原股东将部分老股向投资者转让，应当具备什么条件？

（3）如果该公司首次公开发行股票 2 000 万股且无老股转让计划，应当采用何种定价、发行方式？请说明理由。

（4）如果首次公开发行股票 2 亿股，提供有效报价的询价对象不足 10 家，股票还能顺利发行吗？如果首次公开发行股票为网下发行和网上发行同时进行的，投资者能不能同时参与？本次公开发行股票，是不是可以向战略投资者配售？请分别说明理由。

（5）如果有网上投资者连续几次中签后未足额缴款，会不会影响其今后申购新股？请说明理由。

（6）该公司向特定对象发行股份导致股东人数超过 200 人的，必须履行哪些手续？

（7）该公司确定的发行对象及人数是否符合法律规定？请说明理由。

（8）类似定向发行股份应该在何时完成？请说明理由。

3. 洪流公司欠付擎天公司到期货款5 000万元，擎天公司多次催要，洪流公司工作人员均以公司法定代表人失踪、公司财产无人有权处分为由拒绝偿还。擎天公司无奈，遂向人民法院提出对洪流公司破产清算申请。人民法院收到申请后通知了洪流公司，洪流公司表示因法定代表人失踪，现无人负责管理公司的财产，无法支付欠付擎天公司的款项，但公司并未出现资不抵债的情况，并提供了相应的证据。

人民法院审查后认定洪流公司异议不成立，于2015年4月1日裁定受理破产申请，并指定了破产管理人。管理人在接管洪流公司后，发现以下事实：

（1）洪流公司欠甲公司1 000万元货款，2014年1月10日，应债权人甲公司的要求，洪流公司以自己的设备为其债务设定抵押。

（2）2014年2月5日，洪流公司为逃避债务，在乙企业隐匿了1 500万元的财产，被管理人发现。

（3）2014年8月1日，世纪公司向丙银行贷款1 000万元，期限为1年，洪流公司为其提供一般保证，银行就此向清算组申报债权，要求洪流公司承担截至破产日已发生的借款本息。洪流公司的投资人张某认为，世纪公司贷款尚未到期，丙银行无权申报债权；洪流公司的投资人王某认为，洪流公司对丙银行享有先诉抗辩权，银行无权申报债权；洪流公司的投资人李某认为，一般保证人和连带责任的保证人在被保证人破产时承担责任的方式是不同的，要求管理人区别对待。

（4）2015年3月1日，丁公司欠付洪流公司到期货款50万元未付，而洪流公司则欠付戊公司50万元的租赁费未付；破产申请受理后，丁公司以40万元的价格从戊公司手中受让其50万元的债权，并向清算组主张以此抵销其欠付洪流公司的50万元货款。

根据上述资料，分别回答下列问题：

（1）人民法院受理破产申请的做法是否符合破产法律制度的规定？请说明理由。

（2）根据本题要点（1）提示的内容，管理人能否申请人民法院撤销该抵押？请说明理由。

（3）根据本题要点（2）提示的内容，对洪流公司隐匿财产的行为，管理人是否有权予以追回？请说明理由。

（4）根据本题要点（3）提示的内容，投资人张某的观点是否正确？请说明理由。

（5）根据本题要点（3）提示的内容，投资人王某的观点是否正确？请说明理由。

（6）根据本题要点（3）提示的内容，投资人李某的观点是否正确？请说明理由。

（7）根据本题要点（4）提示的内容，丁公司能否主张抵销？如果不能，管理人应在何时采取何种措施？请说明理由。

4. A家具公司为支付木材买卖合同预付款向B木材公司开出票面金额200万元的商业汇票；B公司将该票据背书转让给C公司，同时请甲企业和乙企业在票据上注明“保证”字样，签名盖章，并在票据背书面注明“不得转让”字样。C公司收到票据后又背书转让给D公司，在背书转让过程中，C公司把金额变成300万元，之后D公司又背书转让给E公司时，将“背书人签章”与“被背书人名称”两栏的内容填写颠倒了，E公司未注意又将该票据背书转让给F公司，F公司背书转让给G公司，G公司向银行提示付款时，银行拒绝支付。

根据以上材料并结合规定，分别回答下列问题：

（1）银行拒绝向 G 付款的行为是否正确？请说明理由。

（2）G 公司被银行拒绝付款后可采用哪些方法保护自己的票据权利？

（3）假设 G 公司向其所有前手行使追索权，哪些当事人可以拒绝承担票据责任？请说明理由。

（4）本案中对票面金额 300 万元承担票据责任的包括哪些当事人？请说明理由。

（5）若 A 公司以合同撤销为由，认定预付货款行为无效，拒绝付款，理由是否成立？

（6）以上背书转让过程中，如果均未注明背书日期，是否会影响背书的效力？

# 2020 年注册会计师全国统一考试
# 《经济法》全真模拟试题（二）
# 参考答案及解析

## 一、单项选择题

1. 答案：C

解析：根据《反价格垄断规定》，认定“不公平的高价”和“不公平的低价”，应当主要考虑下列因素：（1）销售价格或者购买价格是否明显高于或者低于其他经营者销售或者购买同种商品的价格；（2）在成本基本稳定的情况下，是否超过正常幅度提高销售价格或者降低购买价格；（3）销售商品的提价幅度是否明显高于成本增长幅度，或者购买商品的降价幅度是否明显高于交易相对人成本降低幅度。

2. 答案：D

解析：行为能力是指权利主体能够通过自己的行为取得权利和承担义务的能力，选项 A 不正确。自然人的行为能力可分为完全行为能力、限制行为能力与无行为能力，选项 B 不正确。行为能力以权利能力为前提，无权利能力即无行为能力，选项 C 不正确。

3. 答案：D

解析：本题考核质权的设立。以基金份额、股权出质的，质权自证券登记结算机构办理出质登记时设立。

4. 答案：A

解析：选项 A 正确的说法是：“主合同有效而担保合同无效，债权人无过错的，担保人与债务人对主合同债权人的经济损失，承担连带赔偿责任。”

5. 答案：C

解析：法律规定，除自然人之间借贷外，借贷双方对借贷利息约定不明、出借人主张利息的，应当结合民间借贷合同的内容，并根据当地或者当事人的交易方式、交易习惯、市场利率等因素确定利息，故选项 A 错。借贷双方约定的利率超过年利率 36%，超过部分的利息约定无效。借款人请求出借人返还已支付的超过年利率 36% 部分的利息的，人民法院应予支持，故选项 B 错。出借人与借款人既约定了逾期利率，又约定了违约金或者其他费用，出借人可以选择主张逾期利息、违约金或者其他费用，也可以一并主张，但总计超过年利率 24% 的部分，人民法院不予支持，故选项 D 错。

6. 答案：A

解析：技术合作开发完成的发明创造，除当事人另有约定的以外，申请专利的权利属于合作开发的当事人共有。当事人一方转让其共有的专利申请权的，其他各方享有以同等条件优先受让的权利。合作开发的当事人一方声明放弃其共有的专利申请权的，可以由另一方单独申请或者由其他各方共同申请。申请人取得专利权的，放弃专利申请权的一方可以免费实施该专利。合作开发的当事人一方不同意申请专利的，另一方或者其他各方不得申请专利。

7. 答案：C

解析：根据《合同法》的规定，融资租赁合同的租金，除当事人另有约定的以外，应当根据购买租赁物的大部分或者全部成本以及出租人的合理利润确定。

8. 答案：D

解析：本题考核合伙企业事务执行和合伙企业财产转让。合伙人以房屋等不动产进行出资的，不用经过全体合伙人一致同意。除合伙协议另有约定外，应当经全体合伙人一致同意的情形有：（1）改变合伙企业的名称；（2）改变合伙企业的经营范围、主要经营场所地点；（3）处分合伙企业的不动产；（4）转让或者处分合伙企业的知识产权和其他财产权利；（5）以合伙企业的名义为他人提供担保；（6）聘任合伙人以外的人担任合伙企业的经营管理人员。

9. 答案：B

解析：法律规定，合伙协议未约定合伙企业经营期限的，合伙人在不给合伙企业事务执行造成不利影响的情况下可以退伙，但应当提前 30 天通知其他合伙人。

10. 答案：D

解析：法律规定，出资人以符合法定条件的非货币财产出资后，因市场变化或者其他客观因素导致出资财产贬值，公司、其他股东或者公司债权人请求该出资人承担补足出资责任的，人民法院不予支持，但当事人另有约定的除外。

11. 答案：D

解析：法律规定，公司为公司股东或者实际控制人提供担保的，必须经股东会或者股东大会决议。该项表决由出席会议的其他股东所持表决权的 1/2 以上通过。

12. 答案：C

解析：公司分立前的债务由分立后的公司承担连带责任。但是，公司在分立前与债权人就债务清偿达成的书面协议另有约定的除外。

13. 答案：D

解析：《证券法》规定，在试点阶段，公开发行优先股的公司必须在公司章程中规定采取固定股息率，故选项 D 错。

14. 答案：B

解析：根据规定，发起人以自己名义为设立公司之目的与他人签订合同，公司设立失败，发起人为数人的，承担连带债务。

15. 答案：D

解析：选项 A，自中国证监会核准发行之日起，公司应在 12 个月内首期发行，剩余数量应当在 24 个月内发行完毕。选项 B，非公开发行的公司债券应当向合格投资者发行，每次发行对象不得超过 200 人。选项 C，非公开发行公司债券是否进行信用评级由发行人确定，并在债券募集说明书中披露。

16. 答案：D

解析：根据规定，有限责任公司的股东主张优先购买转让股权的，应当在收到通知后，在公司章程规定的行使期间内提出购买请求。公司章程没有规定行使期间或者规定不明确的，以通知确定的期间为准。通知确定的期间短于30日或者未明确行使期间的，行使期间为30日。题目中“公司章程规定的行使期间是60日”，则按照公司章程确定行使期间。

17. 答案：A

解析：管理人员的报酬属于破产费用。

18. 答案：A

解析：法律规定，债权人会议通过和解协议草案的决议应当由出席会议的有表决权的债权人过半数通过，并且其所代表的债权额占无财产担保债权总额的1/2以上。

19. 答案：C

解析：记载“不得转让”字样的汇票，其后手再背书转让或者质押的，原背书人对后手的被背书人不承担票据责任，但不影响出票人、承兑人以及原背书人之前手的票据责任。

20. 答案：C

解析：失票人向票据支付地的基层人民法院提出公示催告的申请。票据支付地是指票据上载明的付款地。其中，商业汇票以承兑人或付款人所在地为支付地。

21. 答案：D

解析：在委托收款中，付款人应当在接到通知的当日书面通知银行付款。如果付款人未在接到通知日的次日起3日内通知银行付款的，视同付款人同意付款。

22. 答案：D

解析：选项C和D，出资额或者持有的比例虽然不足50%，但依其出资额或者持有的股份享有的表决权已足以对股东会、股东大会的决议产生重大影响的股东，亦构成国有资本控股。

23. 答案：C

解析：本题考核垄断协议的类型。本题所叙述的情况属于分割销售市场行为的垄断协议。

24. 答案：A

解析：根据《外商投资法》的规定，外商投资企业的组织形式、组织机构及其活动准则，适用《公司法》、《合伙企业法》等法律的规定。外商投资企业的组织形式可以是合伙企业、有限责任公司、股份有限公司；不可以设立个人独资企业的组织形式。

## 二、多项选择题

1. 答案：ABCD

解析：本题4个选项均正确。

2. 答案：ABC

解析：出卖人就同一船舶、航空器、机动车等特殊动产订立多重买卖合同，在买卖合同均有效的情况下，出卖人将标的物交付给买受人之一，又为其他买受人办理所有权转移登记，已受领交付的买受人请求将标的物所有权登记在自己名下的，人民法院应予支持。

3. 答案：AC

解析：根据《合同法》的规定，标的物在交付之前产生的孳息归出卖人所有；标的物在交付之后产生的孳息归买受人所有。

4. 答案：ABD

解析：法律规定，行纪人高于委托人指定的价格卖出或者低于委托人指定的价格买入的，可以按照约定增加报酬。没有约定或者约定不明确，依照《合同法》的相关规定仍不能确定的，该利益属于委托人，故选项C错。

5. 答案：AC

解析：本题考核有限合伙企业退伙的情形。有限合伙人出现下列情形之一时，当然退伙：作为合伙人的自然人死亡或者被依法宣告死亡；作为合伙人的法人或者其他组织依法被吊销营业执照、责令关闭、撤销，或者被宣告破产；法律规定或者合伙协议约定合伙人必须具有相关资格而丧失该资格；合伙人在合伙企业中的全部财产份额被人民法院强制执行。作为有限合伙人的自然人在有限合伙企业存续期间丧失民事行为能力的，其他合伙人不得因此要求其退伙。

6. 答案：ABCD

解析：见《最高人民法院关于适用〈中华人民共和国公司法〉若干问题的规定（三）》的相关规定。

7. 答案：ABC

解析：审议代表公司发行在外有表决权股份总数的5%以上的股东的提案属于股东大会的职权。

8. 答案：ABC

解析：D选项错误，应为公司核心员工。

9. 答案：ABC

解析：本题考核增发股票。选项D应为"上市公司及其控股股东或实际控制人最近12个月内存在未履行向投资者作出的公开承诺的行为"。

10. 答案：AD

解析：法律规定，担保债权人同样享有破产申请权，但税务机关和社会保险机构只享有对债务人的破产申请权，不享有重整申请权，故选项B错。破产案件的级别管辖一般依据破产企业的工商登记情况确定，有的地方法院对破产案件进行适当的跨地区集中专业化审理，如深圳的破产案件均由深圳市中级人民法院受理，故选项C不选。

11. 答案：ABD

解析：选项C，票据是文义证券，即使票据上记载的文义有错，通常也不得依票据之外的其他证据变更或者补充。

12. 答案：ABD

解析：法律规定，属于国家授权投资机构的中央企业负责办理资产总额账面值5 000万元（不含）以下的资产评估项目的备案事项，故选项C错。

13. 答案：ABCD

解析：以上选项均正确。

14. 答案：ABD

解析：外商投资企业可以依法在中国境内或者境外通过公开发行股票、公司债券等证券，以及公开或者非公开发行其他融资工具、借用外债等方式进行融资。

## 三、综合题

1. 答案：

（1）①王某与丁某的房屋买卖合同已经生效。

根据规定，当事人之间订立有关设立、变更、转让和消灭不动产物权的合同，除法律另有规定或者合同另有约定外，自合同成立时生效；未办理物权登记的，不影响合同效力。在本题中，王某与丁某之间的房屋买卖合同虽未办理产权登记，但不影响买卖合同的效力。

②丁某尚未取得该房屋的所有权。

根据规定，不动产物权的设立、变更、转让和消灭，经依法登记，发生效力；未经登记，不发生效力，但法律另有规定的除外。在本题中，丁某未办理登记过户手续，因此，丁某尚未取得该房屋的所有权。

③该房屋毁损、灭失的风险由丁某承担。

根据规定，买卖合同标的物毁损、灭失的风险，在标的物交付之前由出卖人承担，交付之后由买受人承担，但法律另有规定或者当事人另有约定的除外。

（2）①叶某有权要求张某返还该房屋。

根据规定，占有的不动产或者动产被侵占的，占有人有权请求返还原物。

②叶某应在2014年5月1日之前提起诉讼。

根据规定，损害赔偿的请求权，仍适用普通诉讼时效的规定，当事人应当自知道或者应当知道其权利受到侵害之日起3年内提起诉讼。

（3）小王从2012年6月1日开始取得房屋的所有权。

根据规定，因继承或者受遗赠取得物权的，自继承或者受遗赠开始时发生效力。

（4）韩某不享有优先购买权。

根据规定，所有权人转让房屋时，只有承租人才享有优先购买权。

（5）异议登记失效。

根据规定，异议登记申请人在异议登记之日起15日内不起诉的，则异议登记失效。

（6）杜某无权请求叶某返还房屋。

根据规定，租赁物在租赁期间发生所有权变动的，不影响租赁合同的效力。在本题中，房屋在杜某买受前已经租赁给叶某使用，因此，杜某无权请求叶某返还房屋。

2. 答案：

（1）该公司符合在创业板上市首次公开发行股票的条件。

法律规定，在创业板上市首次公开发行股票的条件包括但不限于：①发行人是依法设立且持续经营3年以上的股份有限公司。②最近两年连续盈利，最近两年净利润累计不少于1 000万元；或者最近一年盈利，最近一年营业收入不少于5 000万元。③最近一期末净资产不少于2 000万元，且不存在未弥补亏损。④发行后股本总额不少于3 000万元。⑤发行人最近两年内主营业务和董事、高级管理人员均没有发生重大变化，实际控制人没有发生变更。

（2）如果该公司在首次公开发行股票时鼓励原股东将部分老股向投资者转让，必须具备的条件包括：老股东已持有时间应当在36个月以上；老股东公开发售股份后，公司的股权结构不得发生重大变化，实际控制人不得发生变更；老股东公开发售的股份，权属应当清晰，不存在法律纠纷或质押、冻结及其他依法不得转让的情况。

（3）如果该公司首次公开发行股票 2 000 万股且无老股转让计划，应当采用直接定价的方式确定发行价格，而且全部向网上投资者发行。

法律规定，首次公开发行股票，可以通过向网下投资者询价的方式确定股票发行价格，也可以通过发行人与主承销商自主协商直接定价等其他合法可行的方式确定发行价格。发行股票数量在 2 000 万股（含）以下且无老股转让计划的，应当通过直接定价的方式确定发行价格。首次公开发行股票采用直接定价方式的，全部向网上投资者发行，不采用网上询价和配售。

（4）①如果首次公开发行股票 2 亿股，提供有效报价的询价对象不足 10 家，股票应当中止发行。

因为法律规定，公开发行股票数量在 4 亿股以下，提供有效报价投资者的数量不少于 10 家；公开发行股票数量（超过）4 亿股以上的，有效报价投资者的数量不少于 20 家。剔除最高报价部分后，有效报价投资者数量不足的，应当中止发行。②如果首次公开发行股票为网下发行和网上发行同时进行的，投资者不能同时参与。因为法律规定，首次公开发行股票的网下发行应和网上发行同时进行，投资者应自行选择参与网下或网上发行，不得同时参与。③本次公开发行股票，不可以向战略投资者配售。因为法律规定，首次公开发行股票数量在 4 亿股以上的，才可以向战略投资者配售股票。

（5）如果有网上投资者连续几次中签后未足额缴款，达到一定程度会影响其今后申购新股。

法律规定，网下和网上投资者获得配售后，应当按时足额缴付认购资金。网上投资者连续 12 个月内累计出现 3 次中签后未足额缴款的情形的，6 个月内不得参与新股申购。

（6）该公司为非上市公司，根据法律规定，因向特定对象发行股份导致股东人数超过 200 人的，公司应向中国证监会申请核准。当该公司的股东人数累计超过 200 人时，其必须申请成为非上市公众公司。

（7）该公司确定的发行对象符合法律规定，但人数不符合法律规定。

法律规定，向特定对象发行股票，特定对象的范围包括下列机构或者自然人：①公司股东；②公司的董事、监事、高级管理人员、核心员工；③符合投资者适当性管理规定的自然人投资者、法人投资者及其他经济组织。公司确定发行对象时，符合第②项、第③项规定的投资者合计不得超过 35 名。

（8）法律规定，公司申请定向发行股票，可申请一次核准，分期发行。自中国证监会核准之日起，公司应当在 3 个月内首期发行，首发数量应当不少于总发行数量的 50%，剩余数量应当在 12 个月内发行完毕。

3. 答案：

（1）人民法院受理破产申请的做法符合规定。

法律规定，债务人不能清偿到期债务，且明显缺乏清偿能力的，债权人有权向人民法院提出破产申请；债务人账面资产虽大于负债，但存在法定代表人下落不明且无其他人员负责管理财产，无法清偿债务的，人民法院应当认定其明显缺乏清偿能力。

（2）管理人不能申请人民法院撤销该抵押。

法律规定，人民法院受理破产申请前 1 年内，债务人对没有财产担保的债务追加财产担保的，管理人有权请求人民法院予以撤销。本题追加财产担保的时间已经超过1年，因此，管理人不能申请人民法院撤销该抵押。

（3）对洪流公司隐匿财产的行为，管理人有权予以追回。

法律规定，债务人为逃避债务而隐匿、转移财产的行为无效，管理人主张被隐匿、转移财产的实际占有人返还债务人财产，或者主张债务人虚构债务或者承认不真实债务的行为无效并返还债务人财产的，人民法院应予支持。

（4）投资人张某的观点错误。

法律规定，人民法院受理保证人破产案件的，保证人的保证责任不得因其破产而免除，保证债务尚未到期的，将其未到期的保证责任视为到期。

（5）投资人王某的观点错误。

根据规定，一般保证人破产的，不得行使先诉抗辩权。

（6）投资人李某的观点正确。

如前所述，法律规定，保证人的保证责任不得因其破产而免除，保证债务尚未到期的，将其未到期的保证责任视为到期，被保证人的债权人可以申报债权。如果保证人承担的是连带责任，则应承担保证责任；如果保证人承担的是一般保证责任，破产受理时被保证债尚未到期的，保证人并无提前履行保证义务的责任，仍按照原保证合同约定承担保证责任；如果破产受理时一般保证的被保证债到期了，还需处理先诉抗辩权的问题，因而债权人可先以保证债权额的全部向保证人申报债权。在破产分配过程中，如债权人先获得债务人清偿，便应根据清偿结果相应调整其对保证人的破产债权额。如债权人先从保证人处获得清偿，应先行提存，待债权人在债务到期从债务人处获偿后，再按保证人实际承担补充责任的范围向债权人支付，余款由法院收回。

（7）丁公司不能主张抵销。

法律规定，债务人的债务人在破产申请受理后取得他人对债务人的债权的，不得抵销。管理人对抵销主张有异议的，应当在约定的异议期内或者自收到主张债务抵销的通知之日起3个月内向人民法院提起诉讼。

4. 答案：

（1）银行拒绝付款正确。

根据规定，付款人或代理付款人付款时，必须承担审查义务，包括审查汇票的背书是否连续。

结合本案，D公司背书转让时，“背书人签章”和“被背书名称”两项位置错误，导致背书不连续，故付款人可以拒绝付款。

（2）根据规定，持票人应当自收到被拒绝承兑或者被拒绝付款的有关证明之日起3日内，将被拒绝事由书面通知其前手，其前手应当自收到通知之日起3日内书面通知其再前手。持票人也可以同时向各票据债务人发出书面通知。

结合本案，G公司被拒绝付款后可以取得拒绝付款证明，3日内向其前手发出追索通知，行使追索权。追索对象包括F、E、D、C、A。追索金额包括三部分：① 被拒绝付款的汇票金额；② 汇票金额自到期日起至清偿日止，按照中国人民银行规定的同档次流动资金贷款利率计算的利息；③ 取得有关拒绝证明和发出通知书的费用。

（3）B公司可以拒绝承担票据责任。

根据规定，背书人在汇票上记载“不得转让”字样，其后手再背书转让的，原背书人对后手的被背书人不承担保证责任。

结合本案，B 公司背书时记载了“不得转让”字样，其后手背书转让的，B 公司对其直接被背书人 C 公司以外的其他一切后手通过背书方式取得汇票的当事人不承担票据责任。

（4）对票面金额 300 万元的金额承担票据责任的当事人包括 C、D、E、F。

根据规定，票据被变造的，签章在前的人对变造前的金额承担责任，签章在后的人对变造后的金额承担责任。

结合本案，C、D、E、F 在变造之后签章的，故 C、D、E、F 应当对票面金额 300 万元承担票据责任。

（5）A 公司的理由不成立。

根据规定，票据是无因证券，票据关系一经形成，就与基础关系相分离，基础关系是否存在，是否有效，对票据关系都不起作用。

（6）背书效力不受影响。

根据规定，背书日期为相对应记载事项，记载与否，不影响背书效力。未记载背书日期的视为到期日背书。

# 2020 年注册会计师全国统一考试《经济法》全真模拟试题（三）

**一、单项选择题**（本题型共 24 题，每题 1 分，共 24 分。每题只有一个正确答案，请从每题的备选答案中选出一个你认为正确的答案）

1. 根据合同法律制度的规定，下列各项中，应当承担缔约过失责任的是（　　）。

A. 甲未按约定向银行偿还借款

B. 乙驾驶机动车逆行撞伤行人

C. 丙假借订立合同，恶意与丁进行磋商

D. 戊下班后开网约车

2. 张某是某石油公司的业务员，一直代理公司与某农机站的石油供应业务。后张某被石油公司开除，但石油公司并未将此情况通知农机站，张某仍以石油公司的名义与农机站签订了合同，该合同属于（　　）。

A. 效力待定合同　　B. 无效合同

C. 可撤销合同　　D. 有效合同

3. 下列关于不动产登记的论述，（　　）是正确。

A. 不动产权属证书记载的事项，应当与不动产登记簿一致；记载不一致的，以不动产登记簿为准

B. 未办理不动产首次登记的，不得办理不动产其他类型登记

C. 同一权利人分割或者合并不动产的，应办理不动产转移登记

D. 共有人增加或者减少以及共有不动产份额变化的，应办理不动产转移登记

4. 甲向乙发出要约，乙于 3 月 8 日发出承诺信函，3 月 10 日承诺信函寄至甲，但甲的法定代表人当日去赈灾，3 月 11 日才知悉该函内容，遂于 3 月 12 日致函告知乙收到承诺，该承诺的生效时间是（　　）。

A. 3 月 8 日　　B. 3 月 10 日

C. 3 月 11 日　　D. 3 月 12 日

5. 根据法律规定，下列关于担保的论述，错误的是（　　）。

A. 留置和定金不能作为反担保方式，在债务人亲自向原担保人提供反担保的情况下，保证也不能作为反担保方式

B. 董事、高级管理人员违反公司章程规定，未经股东（大）会、董事会同意，以公司财产为他人提供的担保有效

C. 主合同无效而导致担保合同无效的，担保人有过错的，承担债务人不能偿还部分债务的1/3以下的责任

D. 主合同没有保证条款，但保证人在主合同上以保证人身份签字或盖章的，保证合同成立

6. 甲企业与乙企业签订买卖机床的合同，价款总额为100万元，由A企业为甲企业的付款提供保证，在合同履行过程中，由于该型号机床的市场价格发生较大变动，乙企业与甲企业协议将该合同的价款总额变更为120万元，甲企业同意，但是该变更未经A企业同意。根据法律规定，下列说法中，正确的是（　　）。

A. A企业不再承担任何担保责任

B. A企业仍应对100万元的债务承担保证责任

C. A企业应对120万元的债务承担保证责任

D. A企业应对110万元的债务承担保证责任

7. 合伙人甲在某普通合伙企业中有财产份额15万元，该合伙企业每年可以向甲分取利润。现甲无力偿还其对合伙企业以外的乙的债务20万元，乙要求强制执行甲在合伙企业中的财产份额。对此，下列说法正确的是（　　）。

A. 乙仅可就甲的该15万元财产份额请求清偿

B. 乙仅可就合伙企业向甲分配的利润请求清偿

C. 乙可以就甲的该15万元财产份额或者每年分配的利润请求清偿

D. 乙可以就合伙企业中其20万元财产份额请求人民法院强制执行

8. 某普通合伙企业为内部管理与拓展市场的需要，决定聘请陈某为企业经营管理人。已知，合伙协议未对该事项作出约定。根据合伙企业法律制度的规定，下列说法正确的是（　　）。

A. 陈某应当同时具有合伙人身份

B. 对陈某的聘任须经全体合伙人的一致同意

C. 陈某作为经营管理人，有权以合伙企业的名义对外签订合同

D. 合伙企业对陈某对外代表合伙企业权利的限制，不得对抗第三人

9. 注册会计师甲、乙、丙投资设立A会计师事务所，该会计师事务所的形式为特殊的普通合伙企业。甲在对B上市公司的年度会计报告进行审计的过程中，因接受B上市公司的贿赂出具了虚假的审计报告，经人民法院判决，由A会计师事务所承担赔偿责任。根据《合伙企业法》的规定，下列对该债务责任承担的表述，正确的是（　　）。

A. 甲承担无限责任，其他合伙人以其在合伙企业中的财产份额为限承担责任

B. 甲以其在合伙企业中的财产份额为限承担责任，其他合伙人承担无限连带责任

C. 全体合伙人以其在合伙企业中的财产份额为限承担责任

D. 全体合伙人承担无限连带责任

10. 根据《公司法》的规定，股份有限公司的下列文件中，股东有权要求查阅的有（　　）。

A. 员工名册　　B. 会计账簿

C. 董事会会议记录　　D. 借款合同

11. 下列关于有限责任公司组织机构的论述，（ ）是正确的。

A. 有限责任公司股东会的定期会议一般每年召开两次

B. 股东人数较少或者规模较小的有限责任公司，可以设 1 名执行董事，不设立董事会

C. 在有限责任公司中，经理是必设机构，监事会是选设机构

D. 有限责任公司增加注册资本要经过出席股东会的全体股东所持表决权 2/3 以上多数通过

12. 下列有关国有独资公司的表述，不符合法律规定的是（ ）。

A. 国有独资公司章程可以由公司董事会依法制定，并报国有资产监督管理机构批准

B. 国有独资公司设立董事会，董事会成员全部由国家授权投资的机构或者国家授权的部门委派

C. 国有独资公司不设股东会，由国有资产监督管理机构行使股东会职权

D. 国有独资公司监事会成员不得少于 5 人，其中职工代表的比例不得低于 1/3

13. 根据法律规定，下列关于股票公开发行方式的论述，错误的是（ ）。

A. 首次公开发行股票，不论数量多寡，均可以通过向网下投资者询价的方式确定股票发行价格，也可以通过发行人与主承销商自主协商直接定价等其他合法可行的方式确定发行价格

B. 首次公开发行股票，网下投资者参与报价时，应当持有一定金额的非限售股份

C. 公开发行股票数量（超过）4 亿股以上的，有效报价投资者的数量不少于 20 家

D. 首次公开发行股票后总股本 4 亿股（含）以下的，网下初始发行比例不低于本次公开发行股票数量的 60%

14. 根据民事法律制度的规定，下列关于传达的表述中，说法正确的是（ ）。

A. 传达人的任务是传递委托人的主要意思表示

B. 传达人可以自己的意志决定意思表示的内容

C. 传达人完成传达任务时必须具备完全民事行为能力

D. 身份行为的意思表示可以传达

15. 下列各项中，不属于操纵市场行为的是（ ）。

A. 单独或者通过合谋，集中资金优势、持股优势或者利用信息优势联合或者连续买卖，操纵证券交易价格或者证券交易量

B. 利用传播媒介或者通过其他方式提供、传播虚假或者误导投资者的信息

C. 与他人串通，以事先约定的时间、价格和方式相互进行证券交易，影响证券交易价格或者证券交易量

D. 在自己实际控制的账户之间进行证券交易，影响证券交易价格或者证券交易量

16. 2013 年 6 月 1 日，人民法院受理了对甲公司提起的破产申请。根据企业破产法律制度的规定，下列人员中，有资格担任管理人的是（ ）。

A. 3 年前被吊销执业证书，但现已重获执业资格的会计师乙

B. 曾于 2008 年 1 月 1 日至 2009 年 12 月 31 日担任甲公司法律顾问的丙律师事务所

C. 甲公司董事丁

D. 甲公司监事会主席的妻子戊

17. 企业进入破产程序时，下列（　　）财产认定为债务人财产。

A. 债务人基于承揽合同占有的他人财产

B. 债务人基于租赁等合同使用的他人财产

C. 在所有权保留买卖中，债务人为买方，尚未付清货款但已取得的财产

D. 在所有权保留买卖中，债务人为卖方的，买方尚未付清货款但已取得的财产

18. 甲乙两公司订立货物买卖合同，约定由甲公司将货物送至丙公司，经丙公司验收合格后，乙公司支付货款。甲公司未按时送货。根据合同法律制度的规定，下列选项中正确的是（　　）。

A. 甲公司应当向丙公司承担违约责任

B. 甲公司应当向乙公司承担违约责任

C. 甲公司应当向乙和丙公司分别承担违约责任

D. 甲公司可以选择向乙公司或者向丙公司承担违约责任

19. 根据有关规定，下列各项中，汇票债务人可以对持票人行使抗辩权的事由是（　　）。

A. 汇票债务人与出票人之间存在合同纠纷

B. 汇票债务人与持票人的前手存在抵销关系

C. 背书不连续

D. 出票人存入汇票债务人的资金不够

20. 根据票据法律制度的规定，下列各项中，不属于支票绝对应记载事项的是（　　）。

A. 无条件支付的委托

B. 付款人名称

C. 出票地

D. 出票日期

21. 根据企业国有资产法律制度的规定，企业国有资产产权登记机关是（　　）。

A. 各级财政部门

B. 各级国有资产监督管理机构

C. 各级工商行政管理部门

D. 各级商务主管部门

22. 在企业国有产权转让中，受让方可以采取分期付款的方式向转让方支付价款。下列有关受让方采取分期付款方式支付价款的表述，符合企业国有产权转让规定的是（　　）。

A. 受让方首次付款不得低于总价款的 20%，并在合同生效之日起 5 个工作日内支付；其余款项应当提供合法的担保，并应当按同期银行贷款利率向转让方支付延期付款期间的利息，付款期限不得超过 1 年

B. 受让方首次付款不得低于总价款的 30%，并在合同生效之日起 5 个工作日内支付；其余款项应当提供合法的担保，并应当按同期银行贷款利率向转让方支付延期付款期间的利息，付款期限不得超过 1 年

C. 受让方首次付款不得低于总价款的 20%，并在合同生效之日起 5 个工作日内支付；其余款项应当提供合法的担保，并应当按同期银行贷款利率向转让方支付延期付款期间的利

息，付款期限不得超过2年

D. 受让方首次付款不得低于总价款的30%，并在合同生效之日起5个工作日内支付；其余款项应当提供合法的担保，并应当按同期银行贷款利率向转让方支付延期付款期间的利息，付款期限不得超过2年

23. 根据我国法律规定，（ ）不属于法律禁止的垄断协议。

A. 经营者约定采用据以计算价格的标准公式

B. 具有竞争关系的经营者以限制产量的方式限制商品的生产数量

C. 具有竞争关系的经营者划分商品销售地域

D. 行业协会发布含有排除、限制竞争内容的行业协会章程

24. 根据《对外贸易法》的规定，下列关于货物进出口限制的论述，（ ）是错误的。

A. 国家可以因输往国家或者地区的市场容量有限而限制出口

B. 国家可以为建立或者加快建立国内特定产业而限制出口

C. 国家可以对任何形式的农业、牧业、渔业产品进行必要的限制进口

D. 国家可以为保障国家国际金融地位和国际收支平衡而限制进口

**二、多项选择题**（本题型共14题，每题1.5分，共21分。每题均有多个正确答案，请从每题的备选答案中选出你认为正确的答案。不答、错答、漏答均不得分）

1. 下列关于善意取得的论述，正确的有（ ）。

A. 占有改定不能满足善意取得制度的“交付”要求，故不能构成善意取得

B. 没有处分权的人转让其占有的动产合同被撤销的，受让人不得主张善意取得

C. 没有处分权的人转让其占有的汽车，该汽车已经交付，受让人已经支付对价但尚未登记的，汽车的主人不得主张善意取得

D. 没有处分权的人转让其占有的不动产，该不动产的登记簿上存在有效的异议登记的，受让人不得主张善意取得

2. 根据合同法律制度的规定，下列各项中，属于不得撤销要约情形的有（ ）。

A. 要约人确定了承诺期限

B. 要约已经到达受要约人

C. 要约人明示要约不可撤销

D. 受要约人已发出承诺的通知

3. 甲工厂收到一批债务人抵债的A货物，并与乙公司签订了交换乙公司提供原材料的合同，A货物价格超过原材料价格20万元，由乙公司用现金补足。下列关于该交易的论述，正确的有（ ）。

A. 双方约定甲工厂将A货物运抵乙公司指定的仓库，A货物的所有权自运抵仓库时转移至乙公司

B. 双方未约定原材料的交付地点，乙公司将原材料交运输公司运输后，因山洪暴发导致该批货物灭失，乙公司应向甲工厂补交原材料，并支付20万元差价

C. 乙公司收到A货物后，未在约定的期间内验货，视为A货物合格

D. 双方未约定原材料的交付地点，乙公司将原材料交运输公司运输后，原材料因山洪暴发毁损后，乙公司不必向甲工厂补交原材料，但应支付20万元差价

4. 甲、乙、丙共同出资设立一家合伙企业，在合伙企业存续期间，甲拟以其在合伙企业中的财产份额出质借款。根据合伙企业法律制度的规定，下列表述正确的有（　　）。

A. 无须经乙、丙同意，甲可以出质

B. 经乙、丙同意，甲可以出质

C. 未经乙、丙同意，甲私自出质的，其行为无效

D. 未经乙、丙同意，甲私自出质的，按退伙处理

5. 根据公司法律制度的规定，股份有限公司发生以下（　　）情形时，应当召开临时股东大会。

A. 董事人数不足公司章程所定人数1/2时

B. 公司未弥补的亏损达到股本总额的1/3时

C. 持有公司股份5%的股东请求时

D. 监事会提议召开时

6. 甲欠乙借款10万元到期未还，乙欲就甲对他人享有的债权提起代位权诉讼。根据合同法律制度的规定，下列债权中，乙不得行使代位权的有（　　）。

A. 抚恤金请求权

B. 劳动报酬请求权

C. 人身伤害赔偿请求权

D. 财产损害赔偿请求权

7. 根据上市公司独立董事制度的规定，下列选项中，影响当事人担任独立董事的情形有（　　）。

A. 王某之妻半年前卸任甲上市公司之附属企业乙公司总经理之职

B. 张某于1年前卸任丙公司副董事长之职，丙公司持有甲上市公司已发行股份的7%

C. 赵某正在担任甲公司的法律顾问

D. 刘某是持有甲上市公司已发行股份2%的自然人股东

8. 下列有关担保表述正确的有（　　）。

A. 抵押是财产担保　　B. 保证是信用担保

C. 定金是约定担保　　D. 质押是反担保

9. 甲公司拟收购乙上市公司。根据证券法律制度的规定，下列投资者中，如无相反证据，属于甲公司一致行动人的有（　　）。

A. 由甲公司的监事担任董事的丙公司

B. 持有乙公司1%股份且为甲公司董事之弟的张某

C. 持有甲公司20%股份且持有乙公司3%股份的王某

D. 在甲公司中担任董事会秘书且持有乙公司2%股份的李某

10. 根据法律规定，下列关于破产撤销权的论述，正确的有（　　）。

A. 撤销权中，因撤销明显不公平的交易所产生的债务人应返还受让人已支付价款的债务，作为普通债权清偿

B. 债务人对未到期的债务提前清偿，是指债务人将破产申请受理后才到期的债务，提前到破产申请受理之前清偿

C. 债务人无正当理由未对其到期债权及时行使权利，导致其对外债权在破产申请受理前一年内超过诉讼时效期间的，人民法院受理破产申请之日起重新计算上述债权的诉讼时效期间

D. 破产申请受理前一年内，债务人为维系基本生产需要而支付水费、电费等的个别清偿，不能撤销

11. 根据法律规定，下列关于《银行卡结算办法》的论述，正确的有（　　）。

A. 银行卡的发行主体为经中国人民银行批准的中资商业银行

B. 在单位卡的使用过程中，其账户的资金一律从其基本存款账户转账存入，不得交存现金，不得将销货收入的款项存入其账户

C. 单位外币卡账户的资金应从其单位外汇账户转账存入，不得在境内存取外币现钞

D. 银行卡持卡人非现金交易的，享受免息还款期待遇

12. 根据票据法律制度的规定，下列各背书情形，属于背书无效的有（　　）。

A. 将汇票金额全部转让给甲某

B. 将汇票金额的一半转让给甲某

C. 将汇票金额分别转让给甲某和乙某

D. 将汇票金额转让给甲某但要求甲某不得对背书人行使追索权

13. 根据企业国有资产法律制度的规定，国有股东协议转让所持上市公司股份时，受让方在受让股份后拥有上市公司实际控制权的，应当满足特定的资格条件。下列关于该特定资格条件的表述，正确的有（　　）。

A. 受让方既可以是法人，也可以是自然人

B. 受让方具有明晰的经营发展战略

C. 受让方或其实际控制人设立3年以上，最近两年连续盈利且无重大违法违规行为

D. 受让方具有促进上市公司持续发展和改善上市公司法人治理结构的能力

14. 国家对个人的外汇管理按照交易主体的不同，分为对境内个人的外汇管理和对境外个人的外汇管理。下列选项中，属于境内个人的有（　　）。

A. 持有中华人民共和国居民身份证的中国公民

B. 持有中华人民共和国军人身份证件的中国公民

C. 持有中华人民共和国武装警察身份证件的中国公民

D. 持“港澳居民来往内地通行证”的港澳同胞

**三、综合题**（本题型共4题，第1题20分，第2题12分，第3题11分，第4题12分，共55分）

1. 中国证监会于2014年8月受理了甲上市公司（以下简称“甲公司”）申请配股的申报材料，该申报材料披露了以下相关信息：

（1）截止到2014年6月30日，甲公司（非金融企业）的股本总额为20 000万股。甲公司拟以该股本为基数，按10∶4的比例配股，即配股8 000万股。

（2）控股股东乙公司在股东大会召开前未承诺其认配股份的数量。

（3）本次配股采用代销方式发行。代销期限届满，原股东认购股票的数量未达到拟配售数量的80%时，甲公司应当按照发行价并加银行同期存款利息返还已经认购的股东。

（4）甲公司2011年、2012年和2013年扣除非经常性损益前的净利润分别为6 000万元、8 700万元和-800万元，扣除非经常性损益后的净利润分别为5 000万元、3 400万元和1 200万元。

（5）2013年10月，甲公司未经股东大会审议通过，为其控股股东3 000万元的银行贷款提供了担保。

（6）2014年1月，未经股东大会批准，甲公司为A公司（非股东）5 000万元的银行贷款提供了担保。A公司截至2013年12月31日的财务资料显示：总资产10 000万元，净资产为4 000万元。

（7）2014年2月，甲公司现任董事张某在任期期间因违规抛售所持甲公司股票被上海证券交易所公开谴责。2012年8月，甲公司现任监事王某因违规行为受到中国证监会的行政处罚。

根据证券法律制度的规定，分别回答下列问题：

（1）甲公司的配股数额、募集资金的用途是否符合中国证监会拟定的配股条件？请说明理由。

（2）控股股东乙公司未承诺认配股份的数量是否符合中国证监会拟定的配股条件？请说明理由。

（3）甲公司配股的承销方案是否符合中国证监会有关配股的规定？请说明理由。

（4）甲公司最近3个会计年度的盈利能力是否符合中国证监会规定的配股条件？请说明理由。

（5）甲公司为其控股股东提供担保是否对本次配股的批准构成实质性障碍？请说明理由。

（6）甲公司为其A公司提供担保是否对本次配股的批准构成实质性障碍？请说明理由。

（7）董事张某、监事王某的行为是否对本次配股的批准构成实质性障碍？请说明理由。甲公司配股的承销方案是否符合中国证监会有关配股的规定？请说明理由。

2. 2011年10月，A公司法定代表人突然出走，不知去向。A公司内部管理因此陷入混乱。2012年1月，A公司所欠B公司工程款200万元债务到期，B公司要求还款，A公司因无人理事而未予回应。B公司遂于2012年2月10日向人民法院申请A公司破产。A公司向人民法院提出异议，称该公司不能偿还B公司债务的主要原因是法定代表人至今下落不明，公司无人管理，而非资不抵债，并提出证据证明其账面资产尚大于负债。2月27日，人民法院裁定驳回A公司的异议。同日，裁定受理B公司提出的A公司破产申请，指定破产管理人，并公告通知债权人申报债权。

管理人在清理A公司债权债务过程中，发现如下事实：

（1）2011年7月1日，C公司向银行借款50万元，期限1年，A公司为该笔借款提供了一般保证担保。截至破产申请受理之日，C公司尚欠银行借款本息40万元。银行已向A公司的管理人申报该40万元担保债权。

（2）2011年8月3日，D公司向A公司购买了一批塑料薄膜，尚欠15万元货款未付。A公司长期租用E公司仓库，至破产申请受理日，已拖欠E公司租金13万元。2012年3月5日，D公司以5万元对价，受让E公司对A公司的租金债权。D公司已向管理人主张以该租金债权抵销所欠A公司15万元货款中的13万元。

（3）2011年9月30日，A公司与F公司签订一份买卖合同。合同约定：A公司向F公司订购一台设备，2012年3月上旬交货；卖方送货上门，货到付款。2012年2月25日，F公司将设备发运。F公司于2月29日获悉A公司破产案已被人民法院受理后，立即通知管理人，要求取回在途设备。3月1日，设备到达A公司。

在债权人会议对债权申报进行核查时，债权人甲提出，A公司对银行的保证债务尚未到期，故银行无权进行债权申报。债权人乙提出，A公司作为一般保证人，对银行享有先诉抗辩权，银行尚未通过诉讼或仲裁向C公司求偿，故不得进行债权申报。债权人丙认为，D公司无权以受让的租金债权抵销所欠A公司货款。债权人丁认为，设备已交付，其所有权已由F公司转移给A公司，构成破产财产的一部分，故F公司无权取回。

要求：

（1）人民法院驳回A公司异议并裁定受理破产申请的法律依据何在？

（2）债权人甲主张银行无权申报债权的理由是否成立？请说明理由。

（3）债权人乙关于A公司对银行享有先诉抗辩权的主张是否成立？请说明理由。

（4）债权人丙关于D公司无权进行债务抵销的主张是否成立？请说明理由。

（5）债权人丁关于F公司无权取回设备的主张是否成立？请说明理由。

3. A公司以30万元的价格向B公司订购一台机床。根据合同约定，A公司应以银行承兑汇票支付价款。2015年3月1日，A公司签发了一张以B公司为收款人、金额为30万元的银行承兑汇票（承兑银行已经签章），到期日为2015年9月1日。A公司将该汇票交给采购经理甲，拟由其携至B公司交票提货。甲获取汇票后，利用其私自留存的空白汇票和私刻的A公司和承兑银行的公章及其各自授权代理人的名章，按照A公司所签发汇票的内容进行复制。3月20日，甲将其复制的汇票交付B公司，提走机床并占为己有。4月10日，甲将汇票原件交回A公司，声称B公司因机床断货要求解除合同。

3月23日，B公司为向C公司购买原料，将甲交付的汇票背书转让给C公司。

6月1日，C公司因急需现金，将该汇票背书转让给D公司，D公司则向C公司支付现金29万元。

7月1日，D公司为支付厂房租金，将该汇票背书转让给E公司。E公司对C公司与D公司之间票据转让的具体情况并不知晓。

9月5日，E公司向汇票承兑银行提示付款，被告知：该汇票系伪造票据，原票据已于4月15日由出票人A公司交还该行并予作废，该行对此伪造票据不承担票据责任。银行将该汇票退还E公司，并出具了退票理由书。

根据上述内容，分别回答下列问题：

（1）E公司是否有权向A公司追索？请说明理由。

（2）D公司是否取得了票据权利？请说明理由。

（3）E公司是否取得了票据权利？请说明理由。

（4）E 公司是否有权向甲追索？请说明理由。

（5）E 公司是否有权向 B 公司追索？请说明理由。

4. 2015 年 8 月 8 日，甲、乙、丙、丁共同出资设立了 A 有限责任公司（以下简称“A 公司”）。A 公司未设董事会，仅设丙为执行董事。在公司设立期间，丙以自己的名义订立了租赁合同。该合同履行中发生争议，对方当事人将 A 公司作为被告诉讼至法院。2018 年 12 月 8 日，甲与戊订立合同，约定将其所持有的全部股权以 20 万元的价格转让给戊；当天，甲在四位股东的微信群中将转让合同全文告知乙、丙、丁。乙、丙分别于同年 12 月 20 日和 24 日回复，均要求在同等条件下优先购买甲所持 A 公司全部股权。丁就此项股权转让事项始终未作出任何答复。戊在对 A 公司进行调查的过程中，发现乙在 A 公司设立时以机器设备作价 50 万元用于出资，而该机器设备当时的实际价值仅为 30 万元。

根据上述事实及有关法律规定，回答下列问题：

（1）A 公司未设立董事会的行为是否符合法律规定？请说明理由。

（2）丙在公司设立中以自己的名义订立合同，合同履行发生纠纷，请对方当事人以 A 公司为被告起诉是否符合法律规定？请说明理由。

（3）甲股东向其他股东通知股权转让事项的方式是否符合法律规定？请说明理由。

（4）乙、丙均要求在同等条件下，优先受让甲所持 A 公司全部股权，应当如何处理？

（5）丁对甲转让公司股权的通知未作答复将产生何种法律效果？请说明理由。

（6）如果乙出资不实的行为属实，应当如何处理？

# 2020 年注册会计师全国统一考试《经济法》全真模拟试题（三）参考答案及解析

## 一、单项选择题

1. 答案：C

解析：《合同法》规定，当事人在订立合同过程中有下列情形之一，给对方造成损失的，应当承担损害赔偿责任：（1）假借订立合同，恶意进行磋商；（2）故意隐瞒与订立合同有关的重要事实或者提供虚假情况；（3）当事人泄露或者不正当地使用在订立合同过程中知悉的商业秘密；（4）有其他违背诚实信用原则的行为。

2. 答案：D

解析：张某被公司开除后以石油公司的名义与农机站订立合同属于表见代理。表见代理是指无权代理人的代理行为客观上存在使相对人相信其有代理权的情况，且相对人主观上为善意，因而可以向被代理人主张代理的效力。由此该合同有效。

3. 答案：D

解析：法律规定，不动产权属证书记载的事项，应当与不动产登记簿一致；记载不一致的，除有证据证明不动产登记簿确有错误外，以不动产登记簿为准，故选项 A 错。未办理不动产首次登记的，不得办理不动产其他类型登记，但法律、行政法规另有规定的除外，故选项 B 错。同一权利人分割或者合并不动产的，应办理不动产变更登记，故选项 C 错。

4. 答案：B

解析：《合同法》规定，承诺的生效时间为要约人收到承诺时。

5. 答案：B

解析：法律规定，董事、高级管理人员违反公司章程规定，未经股东（大）会、董事会同意，以公司财产为他人提供的担保无效，故选项 B 错。

6. 答案：B

解析：根据规定，债权人与债务人变更主合同未经保证人同意的，如果减轻债务人的债务的，保证人仍应当对变更后的合同承担保证责任；如果加重债务人的债务的，保证人对加重的部分不承担保证责任。本题主合同的变更加重了甲企业的债务，因此保证人对加重的

20 万元不承担保证责任，但仍应对原先的 100 万元承担保证责任。

7. 答案：C

解析：本题考核合伙人的债务清偿。合伙人个人财产不足清偿其个人所负债务的，该合伙人可以其从合伙企业中分取的收益清偿债务，债权人也可以依法请求人民法院强制执行该合伙人在合伙企业中的财产份额用于清偿。

8. 答案：B

解析：选项 A，合伙企业可以聘请非合伙人参与经营管理。选项 B，除合伙协议另有约定外，聘任合伙人以外的人担任合伙企业的经营管理人员，应经全体合伙人一致同意。选项 C、D，执行事务的合伙人（而非参与经营管理的非合伙人）有权对外代表合伙企业。

9. 答案：A

解析：本题考核特殊的普通合伙企业的责任承担。合伙人在执业活动中因故意或者重大过失造成的合伙企业债务以及合伙企业的其他债务，该合伙人应当承担无限责任或者无限连带责任，其他合伙人以其在合伙企业中的财产份额为限承担责任。

10. 答案：C

解析：根据规定，股东有权查阅、复制公司章程、股东会会议记录、董事会会议决议、监事会会议决议和财务会计报告。另外，股份有限公司应当将公司章程、股东名册、公司债券存根、股东大会会议记录、董事会会议记录、监事会会议记录、财务会计报告置备于本公司。股东有权查阅这些文件，对公司的经营提出建议或者质询。

11. 答案：B

解析：有限责任公司股东会的定期会议一般每年召开一次，在每一个会计年度结束之后召开，故选项 A 错。在有限责任公司中，经理非必设机构，是选设机构；公司可以不设经理，设总裁、首席执行官等职务，故选项 C 错。有限责任公司增加注册资本要经过全体股东（非出席会议股东）所持表决权的 2/3 以上多数通过，故选项 D 错。

12. 答案：B

解析：国有独资公司设立董事会，董事会成员中应当有职工代表，职工代表由公司职工代表大会选举产生。

13. 答案：A

解析：法律规定，首次公开发行股票，可以通过向网下投资者询价的方式确定股票发行价格，也可以通过发行人与主承销商自主协商直接定价等其他合法可行的方式确定发行价格。发行股票数量在 2 000 万股（含）以下且无老股转让计划的，应当通过直接定价的方式确定发行价格。

14. 答案：D

解析：选项 A、B，传达的任务是忠实传递委托人的意思表示，传达人自己不进行意思表示。选项 C，传达不以具有民事行为能力为条件。选项 D，身份行为可以借助传达人传递意思表示。

15. 答案：B

解析：根据《证券法》的规定，操纵证券市场的行为主要包括以下情形：（1）单独或者通过合谋，集中资金优势、持股优势或者利用信息优势联合或者连续买卖，操纵证券交易价格或者证券交易量；（2）与他人串通，以事先约定的时间、价格和方式相互进行证券交易，影响证券交易价格或者证券交易量；（3）在自己实际控制的账户之间进行证券交易，影响证券交易价格或者证券交易量；（4）以其他手段操纵市场。某些人或者机构利用编造信息的方式误导市场，我国《证券法》将其单独列出，明令禁止。

16. 答案：B

解析：选项 A，曾被吊销相关专业执业证书的不得担任管理人。法律规定，现在担任或者在人民法院受理破产申请前 3 年内曾经担任债务人、债权人的董事、监事、高级管理人员，与债权人或者债务人的控股股东、董事、监事、高级管理人员存在夫妻、直系血亲、三代以内旁系血亲或者近姻亲关系的，不能担任管理人。

17. 答案：D

解析：法律规定，下列财产不应认定为债务人财产：（1）债务人基于仓储、保管、承揽、代销、借用、寄存、租赁等合同或者其他法律关系占有、使用的他人财产；（2）债务人在所有权保留买卖中尚未取得所有权的财产。故选项 A、B、C 错。在所有权保留买卖中，债务人为卖方的，买方尚未付清货款即不取得财产的所有权，债务人可以收回财产或要求赔偿；收回的财产及收到的赔偿均并入破产财产。

18. 答案：B

解析：当事人约定由债务人向第三人履行债务的，债务人未向第三人履行债务或者履行债务不符合约定，应当向债权人承担违约责任。

19. 答案：C

解析：本题考核票据抗辩。背书不连续属于对物抗辩的事由。这一抗辩可以对任何持票人提出。票据债务人不得以自己与出票人或者与持票人的前手之间的抗辩事由对抗持票人。

20. 答案：C

解析：《票据法》规定，支票的出票地为支票相对应记载事项。

21. 答案：B

解析：企业国有资产产权登记机关是各级国有资产监督管理机构。

22. 答案：B

解析：根据规定，企业国有产权转让的全部价款采取分期付款方式的，受让方首期付款不得低于总价款的30%，并在合同生效之日起 5 个工作日内支付；其余款项应当提供合法的担保，并应当按同期银行贷款利率向转让方支付延期付款期间的利息，付款期限不得超过 1 年。

23. 答案：A

解析：法律禁止的垄断协议局限于具有竞争关系的经营者之间，选项 A 未注明“具有竞争关系的”经营者，故不属于法律禁止的垄断协议。

24. 答案：B

解析：国家可以为建立或者加快建立国内特定产业而限制进口。

## 二、多项选择题

1. 答案：ABD

解析：选项 C，动产以交付为所有权转移的标志。

2. 答案：ACD

解析：要约的撤销，是指要约人在要约生效后，受要约人承诺前，使要约丧失法律效力的意思表示。法律规定的两种不得撤销要约的情形有：要约人确定了承诺期限或者以其他形式明示要约不可撤销；受要约人有理由认为要约是不可撤销的，并已经为履行合同做了准备工作。

3. 答案：ACD

解析：法律规定，互易合同参照买卖合同的有关规定，附补足金互易合同中的金钱部分，参照买卖合同中关于支付价款部分的规定处理。本题买卖合同的风险自交付时起转移，当事人未约定交付地点的，风险自交给第一承运人时起转移，故 B 错。

4. 答案：BCD

解析：《合伙企业法》规定，合伙人以其在合伙企业中的财产出质的，须经其他合伙人一致同意；未经其他合伙人一致同意，其行为无效，或者作为退伙处理。

5. 答案：BD

解析：《公司法》规定的股份有限公司召开临时股东大会的情形有：董事人数不足公司章程所定人数 2/3 时，公司未弥补的亏损达到股本总额的 1/3 时，持有公司股份 10% 的股东请求时，董事会认为必要时，监事会提议召开时。

6. 答案：ABC

解析：选项 A、B、C 系专属于债务人自身的债权，债权人不得对之行使代位权。

7. 答案：ACD

解析：下列人员不得担任独立董事：（1）在上市公司或者其附属企业任职的人员及其直系亲属、主要社会关系（直系亲属是指配偶、父母、子女等；主要社会关系是指兄弟姐妹、岳父母、儿媳女婿、兄弟姐妹的配偶、配偶的兄弟姐妹等）（首次公开发行股票网下配售时，发行人和主承销商不得向特定对象配售股票，包括子女配偶的父母）（在上市公司收购中，配偶的兄弟姐妹的配偶也是一致行动人）；（2）直接或间接持有上市公司已发行股份 1% 以上或者是上市公司前 10 名股东中的自然人股东及其直系亲属；（3）在直接或间接持有上市公司已发行股份 5% 以上的股东单位或者在上市公司前 5 名股东单位任职的人员及其直系亲属；（4）最近 1 年内曾经具有前三项所列举情形的人员；（5）为上市公司或者其附属企业提供财务、法律、咨询等服务的人员……

8. 答案：ABC

解析：由债务人或第三人为担保人的担保提供的担保为反担保，选项 D 错误。

9. 答案：ABD

解析：本题考核上市公司收购中一致行动人的界定。根据规定，持有投资者“30% 以上”股份的自然人，与投资者持有同一上市公司股份的，构成一致行动人，因此选项 C 是不构成一致行动人的。

10. 答案：BCD

解析：法律规定，撤销权中，因撤销明显不公平的交易所产生的债务人应返还受让人已支付价款的债务，作为共益债务处理，故选项 A 不选。

11. 答案：BC

解析：法律规定，银行卡的发行主体为经中国人民银行批准的商业银行，包括外资银行、合资银行，故选项A错。只有贷记卡的持卡人非现金交易的，才享受免息还款期待，故选项D错。

12. 答案：BC

解析：《票据法》规定，部分背书无效。附条件的背书，所附条件无效，不影响背书行为本身的效力。

13. 答案：BCD

解析：法律规定，受让国有股东所持上市公司股份后拥有上市公司实际控制权的，受让方应为法人，且应当具备以下条件：（1）受让方或其实际控制人设立3年以上，最近两年连续盈利且无重大违法违规行为；（2）具有明晰的经营发展战略；（3）具有促进上市公司持续发展和改善上市公司法人治理结构的能力。

14. 答案：ABC

解析：持“港澳居民来往内地通行证”的港澳台同胞属于境外个人。

三、综合题

1. 答案：

（1）配股数额不符合规定。

根据规定，上市公司拟配售股份数量不能超过本次配售股份前股本总额的30%。在本题中，甲公司的配股数额8 000万股超过了配股前股本总额的30%。

（2）不符合规定。

控股股东应当在股东大会召开前公开承诺其认配股份的数量。

（3）承销方案不符合规定。

根据规定，配股应采用代销方式，代销期限届满，原股东认购股票的数量未达到拟配售数量70%的，发行人应当按照发行价并加算银行同期存款利息返还已经认购的股东。

（4）盈利能力不符合规定。

根据规定，上市公司配股的，最近3个会计年度应连续盈利，扣除非经常性损益后的净利润与扣除前的净利润相比，以较低者作为计算依据。在本题中，甲公司2013年净利润为-800万元，不符合3个会计年度连续盈利的配股条件。

（5）甲公司为其控股股东提供的担保，构成本次配股批准的实质性障碍。

根据规定，上市公司配股的，最近12个月内不能存在违规对外提供担保的行为。在本题中，甲公司2013年10月未经股东大会审议通过，为其控股股东提供担保，属于违规担保，且发生在申请配股的最近12个月内，因此，该事项构成本次配股批准的实质性障碍。

（6）甲公司为A公司提供的担保，构成本次配股批准的实质性障碍。

根据规定，上市公司配股的，最近12个月内不能存在违规对外提供担保的行为。本题中，上市公司为借款后资产负债率超过70%的担保对象提供担保，必须经过股东大会审批，未经股东大会审批，属于违规担保。

（7）董事张某的行为对本次配股的批准构成实质性障碍。

根据规定，上市公司现任董事、监事和高级管理人员最近12个月内受到过证券交易所公开谴责的，不得配股。监事王某的行为对本次配股的批准构成实质性障碍。根据规定，上市公司选任董事、监事和高级管理人员最近36个月内受到过中国证监会行政处罚的，不得配售。

2. 答案：

（1）根据企业破产法律制度的规定，企业法人的破产原因是不能清偿到期债务，并且资产不足以清偿全部债务或者明显缺乏清偿能力。债务人账面资产虽大于负债，但法定代表人下落不明且无其他人员负责管理财产，无法清偿债务的，人民法院应当认定债务人明显缺乏清偿能力。

（2）债权人甲关于银行无权申报债权的理由不成立。

根据企业破产法律制度的规定，保证债务尚未到期的，可将未到期之保证责任视为已到期，在减去未到期的利息后予以提前清偿。因此，银行有权就未到期的保证债权进行申报。

（3）债权人乙关于A公司对银行享有先诉抗辩权的主张不成立。

因为，如果允许A公司行使先诉抗辩权，银行就必须待债务到期后先通过诉讼或仲裁向C公司求偿。待银行确定不能从C公司获得清偿，再要求A公司承担保证责任时，A公司的破产财产可能已经分配完毕，从而变相免除了A公司的保证责任。

（4）债权人丙关于D公司无权进行债务抵销的主张成立。

根据企业破产法律制度的规定，债务人的债务人在破产申请受理后取得他人对债务人的债权的，不得抵销。

（5）债权人丁关于F公司无权取回设备的主张不成立。

因为，根据破产法律制度的规定，人民法院受理破产申请时，出卖人已将买卖标的物向作为买受人的债务人发运，债务人尚未收到且未付清全部价款的，出卖人可以取回在运途中的标的物。买受人的破产案件受理时，只要货物尚在运途之中，且价款尚未付清，出卖人向管理人表示行使取回权，即可发生取回法律效力。

3. 答案：

（1）E公司无权向A公司追索。

因为A公司在票据上的签章是被伪造的，A公司并未在票据上真实签章，不应承担票据责任。

（2）D公司没有取得票据权利。

法律规定，票据的签发、取得和转让，应具有真实的交易关系和债权债务关系，否则无效。C公司与D公司之间的票据背书转让行为，系票据买卖行为，无真实的交易关系或债权债务关系，因此无效。

（3）E公司取得了票据权利。

虽然D公司在背书转让时并非票据权利人，构成无权处分，但是E公司是善意的，且无重大过失，还付出了相当对价，因此可以善意取得票据权利。

（4）E公司无权向甲追索。

甲是票据伪造人，并未以自己的名义在票据上签章，因此不应承担票据责任，但甲可能要承担刑事责任、行政责任或民法上的赔偿责任。

（5）E公司有权向B公司追索。

法律规定，汇票到期被拒绝付款的，持票人可以对背书人行使追索权。B公司虽然是在伪造的票据上签章，但其签章是真实的，故应承担票据责任。

4. 答案：

（1）A公司未设立董事会的行为符合法律规定。

根据规定，有限责任公司股东人数少或者规模较小的，可以设1名执行董事，不设董事会。

（2）丙在公司设立中以自己的名义订立合同，合同履行发生纠纷，对方当事人以A公司为被告起诉符合法律规定。

根据规定，发起人为设立公司以自己名义订立的合同，对相对人而言，合同中载明的主体是发起人，所以原则上应当由发起人承担合同责任。但是，公司成立后，对以发起人名义订立的合同予以确认，或者已经实际享有合同权利或者履行合同义务，合同相对人请求公司承担合同责任的，人民法院应予支持。

（3）甲股东向其他股东通知股权转让事项的方式符合法律规定。

根据规定，有限责任公司的股东向股东以外的人转让股权，应就其股权转让事项以书面或者其他能够确认收悉的合理方式通知其他股东征求意见。

结合本案，甲在股东微信群中将转让合同全文告知其他股东，应视为其他能够确认收悉的方式。所以甲的通知方式符合法律规定。

（4）乙、丙均要求在同等条件下优先受让甲所持公司全部股权时，根据相关规定，由双方协商确定各自的购买比例；协商不成的，按照转让时各自的出资比例行使优先购买权。公司章程对股权转让另有规定的，从其规定。

（5）丁对甲转让公司股权的通知未作答复，视为同意转让。

根据规定，股东向股东以外的人转让股权，应当经其他股东过半数同意。股东应就其股权转让事项书面通知其他股东征求同意，其他股东自接到书面通知之日起满30日未答复的，视为同意转让。

（6）对于乙出资不实的行为，乙应当补足其差额，公司设立时的其他股东承担连带责任。

# 2020年注册会计师全国统一考试《经济法》全真模拟试题（四）

**一、单项选择题**（本题型共24题，每题1分，共24分。每题只有一个正确答案，请从每题的备选答案中选出一个你认为正确的答案）

1. 根据民事法律制度的规定，下列各项中，属于双方民事法律行为的是（　　）。

A. 代理权的授予　　B. 委托合同

C. 债务的免除　　D. 立遗嘱

2. 上海某夫妻的儿子在北京读大学，夫妻俩将自己在上海的房屋出租给某人居住。双方约定，如果该夫妻的儿子毕业后分回上海，则租赁关系终止。该法律行为属于（　　）的法律行为。

A. 附延缓条件　　B. 附解除条件

C. 附生效期限　　D. 附解除期限

3. 甲公司向银行贷款，并以所持有的乙上市公司股份用于质押。根据规定，该质押合同生效的时间是（　　）。

A. 借款合同签订之日

B. 质押合同签订之日

C. 向证券登记机构申请办理出质登记之日

D. 证券登记机构办理出质登记之日

4. 甲公司与乙饮料厂签订一份买卖纯净水的合同，约定提货时付款。甲公司提货时称公司出纳员突发急病，支票一时拿不出来，要求先提货，过两天再把货款送来。乙饮料厂拒绝了甲公司的要求。乙饮料厂行使的这种权利在法律上称为（　　）。

A. 不安抗辩权　　B. 先履行抗辩权

C. 后履行抗辩权　　D. 同时履行抗辩权

5. 甲、乙两家公司签订一份买卖合同，约定甲公司向乙公司购买机床一台，价格为300万元。同时，丙公司向乙公司出具一份内容为“丙公司愿为甲公司应付乙公司300万元机床货款承担保证责任”的保函，并加盖了公司公章。之后，由于市场变化，甲、乙双方协商同意将机床价格变更为350万元，但未通知丙公司。乙公司向甲公司交付机床后，甲公司无力按期支付货款，乙公司遂要求丙公司代为清偿。根据合同法律制度的规定，下列表述，正确的是（　　）。

A. 丙公司出具保函是其单方行为，因此保证不成立

B. 丙公司应在300万元范围内承担保证责任

C. 在乙公司未就甲公司财产依法强制执行用于清偿债务之前，丙公司有权拒绝乙公司代为清偿的要求

D. 丙公司应承担保证责任，保证期间适用6个月的短期诉讼时效期间，自主债务履行期届满之日起计算

6. 甲承租乙的住房，租期未满，乙有意将该住房出售。根据合同法律制度的规定，下列表述中，不正确的是（　　）。

A. 因甲乙租房合同租期未满，乙不得将房屋出售

B. 乙应在出售之前的合理期限内通知甲，甲在同等条件下享有优先购买权

C. 乙的哥哥丁想要购买该住房，则甲不得主张优先购买权

D. 乙未通知甲出售房屋，而将房屋直接出售给不知情的丙，并办理了过户手续，则甲不能主张优先购买权

7. 依照《合伙企业法》的规定，下列情形中，不属于普通合伙人被除名的情形的是（　　）。

A. 甲合伙人在执行合伙事务中有贪污合伙企业财产的行为

B. 乙合伙人认缴的出资没有按约定缴付

C. 因重大过失给合伙企业造成损失

D. 个人丧失偿债能力

8. 《合伙企业法》规定，合伙人退伙的，其他合伙人应当与该退伙人按照（　　）进行结算，退还退伙人的财产份额。

A. 退伙时的合伙企业的财产状况　　B. 合伙时的合伙企业的财产状况

C. 合伙时的协议约定　　D. 退伙时的协议约定

9. 下列关于有限合伙企业的表述，不正确的是（　　）。

A. 有限合伙人可以同本企业进行交易

B. 在有限合伙企业中，有限合伙人不执行合伙事务，而由普通合伙人从事具体的经营管理

C. 有限合伙人一般不承担竞业禁止义务

D. 新入伙的有限合伙人对入伙前有限合伙企业的债务承担连带责任

10. 关于股东未足额缴纳出资的法律责任问题，下列论述正确的是（　　）。

A. 未足额缴纳出资的，除补缴以外，还应向已足额缴纳出资的股东承担违约责任，该违约责任包括未出资金额及利息

B. 股东在公司设立时未履行出资义务的，该股东承担法律责任，发起人不必承担连带责任

C. 出资人以不享有处分权的财产出资的，公司不能取得该财产的所有权

D. 有限责任公司的股东未全面履行出资义务即转让股权的，受让人受法律保护，对此不承担连带责任

11. 根据《公司法》的规定，下列各项中，不属于有限责任公司监事会行使的职权是

（　　）。

A. 检查公司财务　　B. 决定公司内部管理机构的设置

C. 对董事的行为进行监督　　D. 提议召开临时股东会

12. 法定公积金按照公司税后利润的（　　）提取，当公司法定公积金累计额为公司注册资本的（　　）以上时可以不再提取。

A. 10%　50%　　B. 20%　50%

C. 5%　30%　　D. 10%　30%

13. 中国证监会受理非上市公众公司向不特定合格投资者的公开发行股票的申请文件后，依法对公开发行条件、信息披露等进行审核，在（　　）内作出核准、中止审核、终止审核、不予核准的决定。

A. 10个工作日　　B. 20个工作日

C. 30个工作日　　D. 45个工作日

14. 下列各项中，不符合股份有限公司申请其股票上市条件的是（　　）。

A. 公司股本总额不少于人民币5 000万元

B. 股票经国务院证券监督管理机构核准已向社会公开发行

C. 公司在最近三年内无重大违法行为，财务会计报告无虚假记载

D. 近三年连续盈利，预期利润率超过银行同期存款利率

15. 甲向乙上市公司发出了上市公司收购要约，并按法律规定公告了收购要约。在收购要约期满后，甲已持有了乙已发行股份总数的91%，此时，对其他持有乙股票的股东所持股票的正确处理方法是（　　）。

A. 甲以同等条件收购

B. 甲以比收购要约优惠的条件收购

C. 甲以比收购要约苛刻的条件收购

D. 自由交易，不受收购要约的限制

16. 根据法律规定，下列关于破产撤销权、抵销权的论述，错误的是（　　）。

A. 管理人未主张撤销权时，债权人可以针对债务人无偿转让等行为主张撤销权，而且其主张的范围可以超出自己的债权

B. 管理人对抵销主张有异议的，应当在约定的异议期内或者自收到主张债务抵销的通知之日起3个月内向人民法院提起诉讼

C. 破产申请受理时，债务人对债权人负有的债务尚未到期，不能抵销

D. 管理人可以在破产申请受理之日起3个月内向法院申请认定当事人的违法抵销无效

17. 关于债权人申报债权的期限，对于案件较为简单、债权人较少的，可以确定较短的申报期限，但不得短于（　　）；对于案件较为复杂、债权人数较多且涉及金额巨大的，可以确定较长的申报期限，但不得长于（　　）。

A. 30日　3个月　　B. 20日　3个月

C. 30日　2个月　　D. 20日　2个月

18. 根据企业破产法律制度的有关规定，债权人会议应当以表决方式判定是否通过和解协议草案决议的法定条件是（　　）。

A. 出席会议的有表决权的债权人过半数通过，并且其所代表的债权额占无财产担保债

权总额的1/2以上

B. 出席会议的有表决权的债权人过半数通过，并且其所代表的债权额占全部债权总额的2/3以上

C. 全体有表决权的债权人过半数通过，并且其所代表的债权额占无财产担保债权总额的2/3以上

D. 全体有表决权的债权人过半数通过，并且其所代表的债权额占全部债权总额的2/3以上

19. 甲所持有的一张支票遗失后，向法院申请公示催告。在公告期间内，乙持一张支票到法院申报权利，甲确认该支票就是其所遗失的支票，但是乙主张自己已经善意取得该支票上的权利。根据票据法律制度的规定，下列表述，正确的是（　　）。

A. 法院经审查认为乙的主张成立，应当裁定驳回甲的申请

B. 法院经审查认为乙的主张成立，应当裁定终结公示催告程序

C. 法院经审查认为乙的主张成立，应当判决乙胜诉

D. 法院应当直接终结公示催告程序

20. 甲公司在经营过程中从乙公司处收到丙公司开出的一张汇票，粘单上有保证人丁公司的签章，但未写明被保证人的名称。甲公司在向付款人戊公司提示承兑时，戊在汇票上写明"承兑，丙公司款到后即支付"，则（　　）。

A. 该张汇票已经获得了承兑

B. 甲公司应当先向丁公司行使追偿权

C. 丁公司保证的对象为戊公司

D. 戊公司没有成为汇票的主债务人

21. 根据《票据法》的规定，下列关于汇票持票人行使票据追索权的表述，不正确的是（　　）。

A. 汇票到期被拒绝付款的，可以向出票人追索

B. 汇票未到期付款人死亡的，可以向付款人的继承人追索

C. 汇票未到期承兑人破产的，可以向出票人追索

D. 汇票到期承兑人逃匿的，可以向承兑人的前手追索

22. 根据物权法律制度的规定，下列关于建设用地使用权的表述中，说法正确的是（　　）。

A. 建设用地使用权自合同生效时设立

B. 建设用地使用权自登记时设立

C. 建设用地使用权期间届满自动续期

D. 建设用地使用权期间届满经申请批准后续期

23. 根据规定，经营者集中达到一定标准的，经营者应当事先向国务院商务主管部门申报，未申报的不得实施集中。下列关于该标准的说法，正确的是（　　）。

A. 参与集中的所有经营者上一会计年度在全球范围内的营业额合计超过100亿元人民币，并且其中至少两个经营者上一会计年度在中国境内的营业额均超过4亿元人民币

B. 参与集中的所有经营者上一会计年度在中国境内的营业额合计超过10亿元人民币，并且其中至少两个经营者上一会计年度在中国境内的营业额均超过2亿元人民币

C. 参与集中的所有经营者上一会计年度在全球范围内的营业额合计超过 50 亿元人民币，并且其中至少两个经营者上一会计年度在中国境内的营业额均超过 10 亿元人民币

D. 参与集中的所有经营者上一会计年度在中国境内的营业额合计超过 30 亿元人民币，并且其中至少两个经营者上一会计年度在中国境内的营业额均超过 4 亿元人民币

24. 根据《外商投资法》司法解释的规定，外国投资者投资外商投资准入负面清单规定禁止投资的领域，该合同（ ）。

A. 有效　　B. 无效

C. 效力待定　　D. 可变更

**二、多项选择题**（本题型共 14 题，每题 1.5 分，共 21 分。每题均有多个正确答案，请从每题的备选答案中选出你认为正确的答案。不答、错答、漏答均不得分）

1. 根据《合同法》的规定，在合同的履行中，债务人可以将标的物提存的情形有（ ）。

A. 债权人无正当理由拒绝受领　　B. 债权人下落不明

C. 债权人死亡未确定继承人　　D. 债权人丧失民事行为能力未确定监护人

2. 下列有关定金的说法，正确的有（ ）。

A. 收受定金的一方不履行约定的债务的，应当双倍返还定金

B. 定金的数额应当为主合同标的额的 20%，当事人不得自行约定

C. 定金合同均自合同签订之日起生效

D. 实际交付的定金数额多于约定数额的，视为变更定金合同

3. 根据有关规定，下列关于技术合同的论述，正确的有（ ）。

A. 法人内部从事技术开发的课题组未经法人授权或者认可，与他人订立的技术合同无效

B. 当事人一方迟延履行主要债务，另一方当事人在催告通知中附有履行期限且该期限超过 30 日的，在 30 天届满后另一方当事人有权提出解除合同的主张

C. 离职后 1 年内继续从事与其原岗位职责或者原单位交付的技术开发任务有关的技术开发工作而完成的技术成果，属于职务技术成果

D. 法人或者其他组织订立技术合同转让职务技术成果时，职务技术成果的完成人享有以同等条件优先受让的权利

4. 按照我国《合伙企业法》的规定，下列不能成为普通合伙人的有（ ）。

A. 国有独资公司　　B. 国有企业

C. 社会团体　　D. 上市公司

5. 《公司法》规定，公司董事、高级管理人员不得有的行为包括（ ）。

A. 挪用公司资金

B. 将公司资金以其个人名义或者以其他个人名义开立账户存储

C. 违反公司章程的规定，未经股东会、股东大会或者董事会同意，将公司资金借贷给他人或者以公司财产为他人提供担保

D. 违反公司章程的规定或者未经股东会、股东大会同意，与本公司订立合同或者进行交易

6. 根据《公司法》的规定，上市公司由股东大会以特别决议通过的事项有（　　）。

A. 增加或减少注册资本

B. 1 年内担保金额超过公司资产总额的 30%

C. 决定公司经营方针

D. 审议批准公司年度预算方案

7. 下列关于《非上市公众公司监督管理办法》的论述，正确的有（　　）。

A. 股票向特定对象转让导致股东累计超过 200 人的股份有限公司，必须自上述行为发生之日起 3 个月内，向中国证监会申请核准

B. 股份公司申请其股票公开转让的，股东大会决议必须经出席会议的股东所持表决权的过半数通过

C. 股东人数超过 200 人的公司申请其股票公开转让的，应当向中国证监会申请核准

D. 股东人数未超过 200 人的公司申请其股票公开转让的，中国证监会豁免核准，由全国中小企业股份转让系统进行审查

8. 收购人收购上市公司的，根据有关规定，下列各项中，可免于提出豁免申请，直接向证券交易所和证券登记结算机构申请办理股份转让和过户登记手续的有（　　）。

A. 经上市公司股东大会非关联股东批准，投资者取得上市公司向其发行的新股，导致其在该公司拥有权益的股份超过该公司已发行股份的 30%，投资者承诺 3 年内不转让本次向其发行的新股，且公司股东大会同意投资者免于发出要约

B. 在一个上市公司中拥有权益的股份达到或者超过该公司已发行股份的 50% 的，继续增加其在该公司拥有的权益不影响该公司的上市地位

C. 因继承导致在一个上市公司中拥有权益的股份超过该公司已发行股份的 30%

D. 因所持优先股表决权依法恢复导致投资者在一个上市公司中拥有权益的股份超过该公司已发行股份的 30%

9. 下列有关管理人的表述，正确的有（　　）。

A. 管理人由人民法院指定

B. 管理人辞去职务应当经人民法院许可

C. 管理人的报酬由人民法院确定

D. 管理人的报酬不属于破产费用，由人民法院支付

10. 持票人自到期日起 10 日内向承兑人提示付款的汇票包括（　　）。

A. 定日付款的汇票　　B. 出票后定期付款的汇票

C. 见票后定期付款的汇票　　D. 见票即付的汇票

11. 在票据法律关系中，下列情况下，追索权能够发生的有（　　）。

A. 支票持有人在提示期间内向银行要求付款，被当即拒绝

B. 支票的持有人超过提示期间期限的未提示

C. 汇票到期日后，承兑人死亡的

D. 汇票到期前，付款人被依法宣告破产

12. 关于国有资产评估的下列论述，正确的有（　　）。

A. 国家出资企业整体资产或者部分资产租赁给非国有单位，应当对相关资产进行评估

B. 资产评估机构承担评估业务不受地区行业限制

C. 资产评估机构出具虚假评估报告，有违法所得的，没收违法所得，并处违法所得1倍以上3倍以下罚款

D. 资产评估档案的保存期不少于20年

13. 根据反垄断法律制度的规定，市场支配地位是指经营者在相关市场内具有能够控制商品价格、数量或者其他交易条件，或者能够阻碍、影响其他经营者进入相关市场能力的市场地位。下列各项中，属于“其他交易条件”的有（　　）。

A. 付款条件　　B. 交付方式

C. 商品品质　　D. 售后服务

14. 根据外汇管理法律制度的规定，下列货币中，属于特别提款权货币篮组成货币的有（　　）。

A. 日元　　B. 人民币

C. 美元　　D. 加拿大元

**三、综合题**（本题型共4题，第1题16分，第2题22分，第3题10分，第4题7分，共55分）

1. 赵某担任甲上市公司总经理，并持有该公司股票10万股。钱某为甲公司董事长兼法定代表人。

2013年7月1日，钱某召集甲公司董事会，9名董事中有4人出席，另有1名董事孙某因故未能出席，书面委托钱某代为出席并投票；赵某列席会议。会上，经钱某提议，出席董事会的全体董事通过决议，从即日起免除赵某总经理职务。赵某向董事会抗议称：公司无正当理由不应当解除其职务，且董事会实际出席人数未过半数，董事会决议无效。公司于次日公布了董事会关于免除赵某职务的决定。12月20日，赵某卖出所持的2万股甲公司股票。该日的董事会上，董事长还提交会议讨论了公司向社会公众增发新股的方案。据查，该公司存在下列与增发有关的情况：

（1）公司2013年初曾公开发行证券，2013年的营业利润比2012年下降45%。

（2）公司最近三年以现金方式累计分配的利润为最近三年实现的年均可分配利润的25%。

（3）公司最近三个会计年度加权平均净资产收益率平均7%。

（4）预期新股发行价格不低于公告招股意向书前20个交易日公司股票均价或前一个交易日的均价。

（5）公司本次发行股份不委托证券公司承销，而是由公司自行销售。

2013年12月23日，赵某向中国证监会书面举报称：（1）甲公司的子公司乙公司曾向甲公司全体董事提供低息借款，用于个人购房；（2）2013年4月1日，公司召开的董事会通过决议为母公司丙公司向银行借款提供担保，但甲公司并未公开披露该担保事项。

2014年1月16日，中国证监会宣布对甲公司涉嫌虚假陈述行为立案调查。3月1日，中国证监会宣布：经调查，甲公司存在对外提供担保未披露情形，构成虚假陈述行为；决定对甲公司给予警告，并处罚款50万元。认定钱某为直接责任人员，并处罚款10万元；认定董事李某等人为其他直接责任人员，并处罚款3万元。钱某辩称，公司未披露担保事项是公司实际控制人的要求，自己只是遵照指令行事，不应受处罚。李某则辩称自己是独立董事，

并不直接参与公司经营管理活动，因此不应对公司的虚假陈述行为承担任何责任。中国证监会未采纳钱某和李某的抗辩理由。

中国证监会对甲公司的行政处罚生效后，有投资者拟对甲公司提起民事赔偿诉讼。其中，周某在甲公司首次公开发行时即购入股票1万股，一直持有至今，损失10万元；吴某于2013年6月20日买入甲公司股票1万股，于2014年1月5日卖出，损失1万元；郑某于2013年4月15日买入甲公司股票1万股，2014年3月5日卖出，损失1万元。

根据上述内容，分别回答下列问题：

（1）2013年7月1日，甲公司董事会的出席人数是否符合规定？请说明理由。

（2）甲公司董事会能否在无正当理由的情况下解除赵某的总经理职务？请说明理由。

（3）2013年12月20日，赵某卖出所持甲公司2万股股票的行为是否合法？请说明理由。

（4）甲公司与增发有关的情况是否符合增发条件？请说明理由。

（5）乙公司向甲公司的所有董事提供低息借款购房的行为是否合法？请说明理由。

（6）2013年4月1日，甲公司董事会通过的为丙公司提供担保的决议是否合法？请说明理由。

（7）钱某和李某各自对中国证监会行政处罚的抗辩能否成立？请分别说明理由。

（8）投资者周某、吴某和郑某能否获得证券民事损害赔偿？请分别说明理由。

2. 2019年6月甲企业发生下列业务：

（1）6月10日，甲企业向乙公司借款100万元，借期1年，约定到期本息偿还130万元。

（2）6月15日，甲企业向丙企业购买价值50万元的机床一台，双方订立买卖合同，约定甲先向丙支付定金20万元，丙收到定金后发货。但双方未约定运费的负担。

（3）6月17日，甲企业与丁公司口头约定，甲将一台挖掘机出租于丁，租期7个月，双方对租赁物的维修义务未作约定。

（4）6月20日，甲企业向戊公司指定的业务邮箱发出公函，请其支付2018年12月31日到期未支付的货款。公函表明若戊公司在收到该函之日起10日内不支付货款，甲企业将通过诉讼解决。

（5）6月25日，甲企业收到为职工租赁的宿舍公寓方的通知，告知该公寓房产因承担担保责任已转让予第三方，原租赁合同解除。

要求：根据上述资料和相关法律规定，回答下列问题：

（1）根据资料一，说明该借款合同的利息约定是否符合法律规定？本借款合同应当约定的利息是多少？说明法律依据。

（2）根据资料二，该买卖合同的定金约定是否符合法律规定？说明理由。

（3）根据资料二，该合同当事人没有约定运费负担，该运费应当如何确认支付？说明法律根据。

（4）根据资料三，该租赁合同使用口头方式约定，是否符合法律规定？应当如何处理。

（5）根据资料三，该租赁合同中对租赁物的维修义务未作约定，应当由谁承担？说明法律根据。

（6）根据资料四，甲公司向戊公司发出公函的行为会导致何种法律后果？说明法律根据。

（7）根据资料五，公寓方与甲企业解除租赁合同的理由是否成立？说明理由。

3. 自 2012 年初以来，A 公司出现不能清偿到期债务，且资产不足以清偿全部债务的情况。2012 年 12 月 17 日，人民法院经审查裁定受理了 A 公司的破产申请，并指定了管理人。在该破产案件中，存在下述情况：

（1）2011 年 10 月 8 日，B 公司向 C 银行借款 1 000 万元，期限 1 年。A 公司以所属机器设备为 B 公司该笔借款提供了抵押担保，并办理了抵押登记。B 公司到期未偿还 C 银行的借款。C 银行将上述抵押物拍卖得款 900 万元，将不足清偿的 150 万元借款本息向管理人申报了债权。

（2）2012 年 7 月，A 公司向 D 公司租用机床一台，租期 1 年，租金已一次性付清。2012 年 11 月，A 公司以 30 万元的市场价格将机床售与 E 公司，双方已交货、付款。E 公司对 A 公司无处分权的事实并不知情。D 公司获悉机床已被 A 公司卖给 E 公司后，要求 E 公司返还机床，遭 E 公司拒绝。

（3）2009 年 1 月，A 公司与 F 公司签订房屋租赁合同，将所属 300 平方米门面房出租给 F 公司用作超市经营，租期 5 年，每年 1 月底前支付当年租金。F 公司一直正常缴纳租金。2013 年 2 月，管理人通知 F 公司解除该房屋租赁合同，但 F 公司表示反对。

（4）2011 年 10 月，A 公司欠刘某专利转让费 29 万元到期未付；2012 年 12 月 20 日，刘某将该债权以 15 万元的价格转让给 G 公司。G 公司现提出：以该债权与其所欠 A 公司的 30 万元货款在相同金额范围内抵销。

（5）2012 年 8 月 17 日，供电局向 A 公司发出欠缴电费催收通知书，要求 A 公司一周内补缴拖欠电费 20 万元，否则将对其生产区停止供电。A 公司于 8 月 22 日向供电局补缴了全部拖欠电费。2013 年 2 月，管理人主张撤销 A 公司向供电局补缴电费的行为。

根据上述内容，分别回答下列问题：

（1）C 银行以抵押物拍卖款不足清偿的 150 万元借款本息向管理人申报债权的行为，是否符合企业破产法律制度的规定？请说明理由。

（2）E 公司是否有权拒绝 D 公司返还机床的请求？请说明理由。如果 E 公司有权拒绝 D 公司返还机床的请求，D 公司能否向管理人申报债权？请说明理由。

（3）管理人是否有权解除 A 公司与 F 公司之间的房屋租赁合同？请说明理由。

（4）G 公司关于债务抵销的主张是否成立？请说明理由。

（5）管理人是否有权撤销 A 公司向供电局补缴电费的行为？请说明理由。

4. 甲公司从乙公司处购买一批货物，总价款为人民币 200 万元。根据双方约定，2010 年 6 月 28 日，甲公司向乙公司支付定金 40 万元；乙公司于 8 月 8 日交货，甲公司在收货后 10 日以内付清余款。

6 月 28 日，甲公司向乙公司开出一张金额为人民币 40 万元的转账支票（同城使用）。7 月 10 日，乙公司向付款人 A 提示付款，付款人 A 拒绝付款。乙公司在遭到拒绝付款后，遂向甲公司要求重新出票，在甲公司重新出票后，乙公司方获付款。

8 月 8 日，乙公司按时交货。8 月 12 日，甲公司将从丙公司背书受让的一张金额为人民币 200 万元的银行汇票背书转让给乙公司。8 月 13 日，乙公司因偿还债务又将该汇票背书转让给丁公司。

8月15日，甲公司发现乙公司交付的货物为伪劣产品，遂即通知付款人B拒绝向上述银行汇票的持票人付款，但丁公司于8月16日向付款人B提示该汇票请求付款时，付款人B仍然按票面金额向丁公司支付了全部票款。

8月18日，甲公司将货物退还了乙公司，同时要求乙公司返还货款及承担担保责任；乙公司同意退还货款，但拒绝承担担保责任。甲公司遂向人民法院提起诉讼。

经调查：乙公司系由X、Y、Z共同投资设立的一家有限责任公司。该公司于2011年2月18日成立，注册资金为人民币200万元，其中，X以现金人民币40万元出资，Y以房屋折价人民币80万元出资，Z以办公设施折价人民币80万元出资。经有关中介机构评估和审定：X出资的现金如数到位；Y出资的房屋价值仅为人民币30万元；Z出资的办公设施实际价值只有人民币20万元。

根据以上事实，分别回答以下问题：

（1）付款人A拒绝向乙公司支付所持转让支票票款的行为是否正确？请说明理由。

（2）付款人B向丁公司支付所持银行汇票票款的行为是否正确？请说明理由。

（3）甲公司要求乙公司承担担保责任的依据是什么？乙公司应如何承担担保责任？

（4）根据《公司法》的规定，乙公司的股东应如何承担出资不实的民事责任？

# 2020年注册会计师全国统一考试《经济法》全真模拟试题（四）参考答案及解析

## 一、单项选择题

1. 答案：B

解析：双方民事法律行为需要两个当事人意思表示一致才能成立。选项A、C、D是单方民事法律行为。选项B委托合同，是双方民事法律行为。

2. 答案：B

解析：由于题目中是当条件成熟时，租赁关系终止，所以属于附解除条件的法律行为。

3. 答案：D

解析：根据法律规定，以上市公司的股份出质的，质押合同自股份出质向证券登记机构办理出质登记之日起生效。

4. 答案：D

解析：法律规定，当事人互负债务，没有先后履行顺序，应当同时履行。一方在对方履行之前有权拒绝其履行要求；另一方在对方履行债务不符合约定时，有权拒绝其相应的履行要求。该权利即为同时履行抗辩权。

5. 答案：B

解析：（1）选项A，第三人单方以书面形式向债权人出具担保书，债权人接受且未提出异议的，保证合同成立；（2）选项B，未经保证人同意的主合同的变更，如果加重债务人债务的，保证人对加重的部分不承担保证责任；（3）选项C，乙公司和丙公司未对保证方式进行约定，丙公司应当承担连带保证责任，不享有先诉抗辩权；（4）选项D，保证期间与保证的诉讼时效是两回事，选项D的表述将二者混为一谈。

6. 答案：A

解析：A、B选项，出租人出卖租赁房屋的，应当在出卖之前的合理期限内通知承租人，承租人享有以同等条件优先购买的权利。C、D选项，具有下列情形之一，承租人主张优先购买房屋的，人民法院不予支持：①房屋共有人行使优先购买权的；②出租人将房屋出卖给近亲属，包括配偶、父母、子女、兄弟姐妹、祖父母、外祖父母、孙子女、外孙子女的；③出租人履行通知义务后，承租人在15日内未明确表示购买的；④第三人善意购买租赁房屋并已经办理登记手续的。

7. 答案：D

解析：选项D属于当然退伙的情形，而不构成除名退伙的情形。

8. 答案：A

解析：《合伙企业法》规定，合伙人退伙的，其他合伙人应当与该退伙人按照退伙时合伙企业的财产状况进行结算，退还退伙人的财产份额。

9. 答案：D

解析：根据《合伙企业法》规定，在普通合伙企业中，新入伙的合伙人对入伙前合伙企业的债务承担连带责任；而在有限合伙企业中，新入伙的有限合伙人对入伙前有限合伙企业的债务，以其认缴的出资额为限承担责任。

10. 答案：A

解析：法律规定，股东在公司设立时未履行出资义务的，该股东承担法律责任，发起人承担连带责任。出资人以不享有处分权的财产出资，公司取得该财产符合善意取得条件的，该财产为公司所有。有限责任公司的股东未全面履行出资义务即转让股权，受让人对此知道或者应当知道，受让人对此承担连带责任。

11. 答案：B

解析：根据《公司法》的规定，监事会或者不设立监事会的公司的监事行使下列职权：（1）检查公司财务；（2）对董事、经理执行公司职务时违反法律、法规或者公司章程的行为进行监督；（3）当董事和经理的行为损害公司的利益时，要求董事和经理予以纠正；（4）提议召开临时股东会；（5）公司章程规定的其他职权。选项B是董事会的职权。

12. 答案：A

解析：法定公积金按照公司税后利润的10%提取，当公司法定公积金累计额为公司注册资本的50%以上时可以不再提取。

13. 答案：B

解析：中国证监会受理非上市公众公司向不特定合格投资者的公开发行股票的申请文件后，依法对公开发行条件、信息披露等进行审核，在20个工作日内作出核准、中止审核、终止审核、不予核准的决定。

14. 答案：D

解析：近三年连续盈利，预期利润率超过银行同期存款利率是原企业改组设立股份有限公司申请公开发行股票的条件。

15. 答案：A

解析：收购要约的期限届满，收购人持有的被收购公司的股份数达到该公司已发行的股份总数的90%以上的，其余仍持有被收购公司股票的股东，有权向收购人以收购要约的同等条件出售其股票，收购人应当收购。

16. 答案：C

解析：法律规定，管理人以下列理由对债权人提出的抵销权有异议的，人民法院不予支持：（1）破产申请受理时，债务人对债权人负有的债务尚未到期；（2）破产申请受理时，债权人对债务人负有的债务尚未到期；（3）双方互负债务标的物种类、品质不同。

17. 答案：A

解析：关于债权人申报债权的期限，对于案件较为简单、债权人较少的，可以确定较短的申报期限，但不得短于30日；对于案件较为复杂、债权人数较多且涉及金额巨大的，可以确定较长的申报期限，但不得长于3个月。

18. 答案：A

解析：债权人会议的一般决议，由出席会议的有表决权的债权人过半数通过，并且其所代表的债权额，必须占无财产担保债权总额的半数以上；对通过和解协议草案的决议，由出席会议的有表决权的债权人过半数通过，并且其所代表的债权额，必须占无财产担保债权总额的1/2以上。

19. 答案：B

解析：根据规定，人民法院收到利害关系人的申报后，应当裁定终结公示催告程序。

20. 答案：D

解析：根据《票据法》的规定，承兑不应附有条件，附条件的承兑视为拒绝承兑。付款人在承兑后成为汇票的主债务人。所以戊公司的行为视为拒绝承兑，不成为主债务人。没有写明被保证人的，如没有承兑，则被保证人为出票人，所以丁公司保证的对象应为丙公司。追偿人行使追偿权不受顺序的限制。

21. 答案：B

解析：被追索人包括出票人、背书人、承兑人和保证人，所以不能向付款人的继承人追索。

22. 答案：B

解析：选项A、B，建设用地使用权自登记时设立。选项C、D，住宅建设用地使用权届满，自动续期；其他情形依照法律规定办理。以无偿划拨方式取得的建设用地使用权，除法律、行政法规另有规定外，没有使用期限的限制。

23. 答案：A

解析：根据规定，经营者集中的标准包括：（1）参与集中的所有经营者上一会计年度在全球范围内的营业额合计超过100亿元人民币，并且其中至少两个经营者上一会计年度在中国境内的营业额均超过4亿元人民币；（2）参与集中的所有经营者上一会计年度在中国境内的营业额合计超过20亿元人民币，并且其中至少两个经营者上一会计年度在中国境内的营业额均超过4亿元人民币。

24. 答案：B

解析：外国投资者投资外商投资准入负面清单规定禁止投资的领域，当事人主张投资合同无效的，人民法院应予支持。

## 二、多项选择题

1. 答案：ABCD

解析：本题的4个选项均正确。

2. 答案：AD

解析：根据规定，定金的数额由当事人约定，但不得超过主合同标的额的 20%，因此选项 B 的说法错误；定金合同从实际交付定金之日起生效，因此选项 C 的说法错误。

3. 答案：CD

解析：法律规定，法人内部从事技术开发的课题组未经法人授权或者认可，与他人订立技术合同的，由该科研组织成员共同承担责任，但法人因该合同受益的，应当在其受益范围内承担相应责任，故选项 A 错。当事人一方迟延履行主要债务，另一方当事人在催告通知中附有履行期限且该期限超过 30 日的，在该履行期限届满后方可有权提出解除合同的主张，故选项 B 错。

4. 答案：ABCD

解析：《合伙企业法》规定，国有独资公司、国有企业、上市公司以及公益性的事业单位、社会团体不得成为普通合伙人。

5. 答案：ABCD

解析：本题的 4 个选项均正确。

6. 答案：AB

解析：选项 C、D 属于股东大会职权，是股东大会决议的普通事项。

7. 答案：CD

解析：法律规定，股票向特定对象转让导致股东累计超过 200 人的股份有限公司，应当自上述行为发生之日起 3 个月内，向中国证监会申请核准，但如果股份公司在 3 个月内将股东人数降至 200 人以内的，可以不提出申请，故选项 A 不选。法律规定，股份公司申请其股票公开转让的，在申请前，该股份公司的董事会应当就股票公开转让的具体方案作出决议，并提请股东大会批准，股东大会决议必须经出席会议的股东所持表决权的 2/3 以上通过，故选项 B 不选。

8. 答案：ABCD

解析：可以免于提出豁免申请，直接向证券交易所和证券登记结算机构申请办理股份转让和过户登记手续的事项有：（1）经上市公司股东大会非关联股东批准，投资者取得上市公司向其发行的新股，导致其在该公司拥有权益的股份超过该公司已发行股份的 30%，投资者承诺 3 年内不转让本次向其发行的新股，且公司股东大会同意投资者免于发出要约；（2）在一个上市公司中拥有权益的股份达到或者超过该公司已发行股份的 30% 的，自上述事实发生之日起一年后，每 12 个月内增持不超过该公司已发行的 2% 的股份；（3）在一个上市公司中拥有权益的股份达到或者超过该公司已发行股份的 50% 的，继续增加其在该公司拥有的权益不影响该公司的上市地位；（4）证券公司、银行等金融机构在其经营范围内依法从事承销、贷款等业务导致其持有一个上市公司已发行股份超过 30%，没有实际控制该公司的行为或者意图，并且提出在合理期限内向非关联方转让相关股份的解决方案；（5）因继承导致在一个上市公司中拥有权益的股份超过该公司已发行股份的 30%；（6）因履行约定购回式证券交易协议购回上市公司股份导致投资者在一个上市公司中拥有权益的股份超过该公司已发行股份的 30%，并且能够证明标的股份的表决权在协议期间未发生转移；（7）因所持优先股表决权依法恢复导致投资者在一个上市公司中拥有权益的股份超过该公司已发行股份的 30%。

9. 答案：ABC

解析：根据《企业破产法》的规定，管理人的报酬属于破产费用，标准由人民法院确定。

10. 答案：ABC

解析：定日付款、出票后定期付款或者见票后定期付款的汇票，自到期日起 10 日内向承兑人提示付款。选项 D 是见票即付的汇票，应自出票日起的 1 个月内向付款人提示付款。

11. 答案：ABD

解析：《票据法》第六十一条规定，票据追索权发生的实质条件的情形之一为在汇票到期日前，承兑人或付款人死亡、逃匿。

12. 答案：AB

解析：法律规定，资产评估机构出具虚假评估报告，有违法所得的，没收违法所得，并处违法所得 1 倍以上 5 倍以下罚款，故选项 C 错。资产评估档案的保存期不少于 30 年，故选项 D 错。

13. 答案：ABCD

解析：市场支配地位，是指经营者在相关市场内具有能够控制商品价格、数量或者其他交易条件，或者能够阻碍、影响其他经营者进入相关市场能力的市场地位。这里所称的“其他交易条件”是指除商品价格、数量之外能够对市场交易产生实质影响的其他因素，包括商品品质、付款条件、交付方式、售后服务等。

14. 答案：ABC

解析：人民币、美元、欧元、日元、英镑为可自由使用货币，不包括加拿大元。

## 三、综合题

1. 答案：

（1）2013 年 7 月 1 日，甲公司董事会的出席人数符合规定。

法律规定，董事会会议应有过半数董事出席方可举行，但董事因故不能出席的，可以书面委托其他董事代为出席。甲公司有 9 名董事，4 名实际出席，1 名委托他人出席，符合过半数要求。

（2）董事会可在无正当理由的情况下解除赵某的总经理职务。

法律规定，董事会有权解聘公司总经理，并不需要理由。

（3）2013 年 12 月 20 日，赵某卖出甲公司 2 万股股票的行为不合法。

法律规定，公司高级管理人员在离职后半年内，不得转让其所持有的本公司股份。

（4）①公司 2013 年初曾公开发行证券，2013 年的营业利润比 2012 年下降 45% 符合增发条件。

法律规定，公司最近 24 个月内曾公开发行证券的，不存在发行当年营业利润比上年下降 50% 以上的情形。

②公司最近三年以现金方式累计分配的利润为最近三年实现的年均可分配利润的 25% 不符合增发条件。

法律规定，增发必须最近三年以现金方式累计分配的利润不少于最近三年实现的年均可分配利润的30%。

③公司最近三个会计年度加权平均净资产收益率平均7%符合增发条件。

法律规定，增发必须最近三个会计年度加权平均净资产收益率平均不低于6%。

④新股发行价格不低于公告招股意向书前20个交易日公司股票均价或前一个交易日的均价符合增发条件。

⑤本次发行股份不委托证券公司承销，而是由公司自行销售不符合法律规定。

法律规定，上市公司公开发行股票，均应当由证券公司承销。

（5）乙公司向甲公司所有董事提供低息购房借款的行为不合法。

法律规定，公司不得通过子公司向高级管理人员提供借款。

（6）2013年4月1日，甲公司董事会通过的为丙公司提供担保的决议不合法。

法律规定，公司为公司股东提供担保的，必须经股东会或者股东大会决议。

（7）钱某的抗辩理由不能成立。

法律规定，上市公司董事负有保证信息披露真实、准确、完整、及时和公平的义务。公司董事受到实际控制人控制这一情形不得单独作为不予处罚的理由。李某的抗辩理由不能成立。法律规定，上市公司董事负有保证信息披露真实、准确、完整、及时和公平的义务。不直接从事经营管理不得单独作为不予处罚的情形认定。

（8）法律规定，虚假陈述行为与投资人的损害结果之间存在因果关系的，投资人才能获得证券民事损害赔偿。

这种因果关系主要有以下情形：①投资人所投资的是与虚假陈述直接关联的证券；②投资人在虚假陈述实施日及以后，至揭露日或者更正日之前买入该证券；③投资人在虚假陈述揭露日或者更正日及以后，因卖出该证券发生亏损，或者因持续持有该证券而产生亏损。周某不能获得证券民事赔偿，因为其是在虚假陈述实施日之前买入股票的，不能推定其损失与虚假陈述行为之间存在因果关系。吴某不能获得证券民事赔偿，因为其在虚假陈述揭露日之前已经卖出了股票，不能推定其损失与虚假陈述之间存在因果关系。郑某能够获得证券民事赔偿，郑某是在虚假陈述实施日之后买入甲公司股票，并在虚假陈述揭露日之后卖出该股票而发生亏损，可以推定其损失与虚假陈述之间存在因果关系。

2. 答案：

（1）甲、乙借款合同约定的130万元本息中，利息为30万元，该约定不符合法律规定。

根据规定，借贷双方约定的利率未超过年利率24%，出借人请求借款人按照约定的利率支付利息的，人民法院应予支持。本案借款本金100万元，按照上述法律规定，应当约定利息为24万元（$100 \times 24\% = 24$）。合同约定利息超出了6万元，不符合法律规定。

（2）该买卖合同的定金约定不符合法律规定。

根据规定，当事人约定的定金数额不得超过主合同标的额的20%。如果超过20%的，超过部分无效。结合本案，合同标的额50万元，乘以20%为10万元，实际约定为20万元，超过部分10万元（$20 - 10 = 10$）无效。

（3）买卖合同当事人没有约定运费负担，按照法律规定，可以由当事人补充；不能达成协议的，按照合同有关条款或交易习惯确定；仍然不能确定，由履行义务一方负担。结合本案，应当由交付机床的丙企业负担。

（4）租赁合同使用口头方式约定不符合法律规定。

根据规定，租赁期限 6 个月以上的，合同应当采用书面形式。当事人未采用书面形式的，视为不定期租赁。结合本案，甲企业和丁公司约定挖掘机的租期 7 个月，应当使用书面形式订立合同。

（5）应当由甲企业承担维修义务。

根据规定，出租人应当履行租赁物的维修义务，但当事人另有约定的除外。本案中，双方就租赁物的维修未作约定，所以应当由甲企业承担租赁物的维修义务。

（6）甲公司向戊公司发出公函的行为会导致甲戊之间货款纠纷的诉讼时效中断。

根据规定，当事人一方以发送信件或者数据电文方式主张权利，信件或者数据电文到达或者应当到达对方当事人的事由的发生，使已经经过的诉讼时效期间全部归于无效，诉讼时效期间重新计算。结合本案，甲企业起诉戊公司的诉讼时效期间为 2019 年 1 月 1 日至 2021 年 12 月 31 日。在此期间的上述行为会导致诉讼时效中断。

（7）公寓方与甲企业解除租赁合同的理由不成立。

根据规定，租赁物在租赁期间发生所有权变动，不影响租赁合同的效力。所有的所有权让与均不破租赁，并非仅限于买卖。结合本案，公寓方是因承担担保责任而发生的房屋产权所有权变动，仍然不得成为解除原租赁合同的理由。

3. 答案：

（1）C 银行以抵押物拍卖款不足清偿的 150 万元借款本息向管理人申报债权的行为，不符合企业破产法律制度的规定。

由于 A 公司是为 B 公司所欠 C 银行借款提供的抵押担保，A 公司并非主债务人，故在抵押物价款不足以清偿担保债额时，余债不能作为破产债权向 A 公司要求清偿（或答：A 公司仅就提供的抵押物对 B 公司债务承担责任）。因为法律规定，债权人仅在债务人抵押物的价值范围内享有优先受偿权，超过抵押物价值部分的债权属于普通债权。

（2）E 公司有权拒绝向 D 公司返还机床。A 公司系以市场价格向 E 公司转让机床并已交付，且 E 公司当时对 A 公司无该机床处分权的事实并不知情。因此，E 公司已善意取得机床所有权，D 公司的机床取回权消灭。D 公司可以向管理人申报债权。取回权消灭后，D 公司只能以机床的物价即损失额作为破产债权要求清偿。因为法律规定，取回权局限于原物存在；如果原物不存在了，物的所有权人仅享有破产债权。按照现行司法解释规定，一般取回权中，债务人占有的他人财产被违法转让给第三人，第三人已善意取得财产所有权，原权利人无法取回该财产的，如转让行为发生在破产申请受理前的，原权利人因财产损失形成的债权，作为普通破产债权清偿；如转让行为发生在破产申请受理后的，因管理人或者相关人员执行职务导致原权利人损害产生的债务，则作为共益债务清偿。

（3）管理人无权解除 A 公司与 F 公司之间的房屋租赁合同。

对于破产申请受理前成立而债务人和对方当事人均未履行完毕的合同，管理人应以保障债权人权益最大化为原则，决定解除还是继续履行，但是，对于债务人对外出租不动产的合同，管理人不得任意解除。

（4）G 公司关于债务抵销的主张不成立。

根据企业破产法律制度的规定，债务人的债务人在破产申请受理后取得他人对债务人的债权的，不得抵销。

（5）管理人无权撤销A公司向供电局补缴电费的行为。

根据破产法律制度的规定，人民法院受理破产申请前6个月内，债务人在出现破产原因的情形下，仍对个别债权进行清偿的，管理人有权请求人民法院予以撤销，但是个别清偿使债务人财产受益的除外。债务人清偿欠缴电费，是为了维系企业的生产经营，可使债务人受益，因此不得撤销。

4. 答案：

（1）付款人A拒绝向乙公司支付所持转账支票票款的行为正确，因为该支票已过提示付款期间。

根据《票据法》的有关规定，该支票的持票人应当自出票日起10日内提示付款，而持票人提示付款的期间已超过10日。

（2）付款人B向丁公司支付所持银行汇票票款的行为正确，因为票据关系一旦成立，即与基础关系相分离。

根据《票据法》的有关规定，只有持有人是不履行约定义务的与自己有直接债权债务关系的人，票据债务人才可进行抗辩。而丁公司既与甲公司无直接的债权债务关系，又与付款人B无直接的债权债务关系，故付款人不得拒绝向丁公司支付其提示的票款。

（3）甲公司要求乙公司承担担保责任的依据是双方当事人约定的定金条款。定金为合同担保形式的一种，当一方当事人不履行合同义务时，守约的支付定金方有权要求他方双倍返还定金。因此，乙公司应向甲公司返还人民币80万元。

（4）根据《公司法》的有关规定，有限责任公司的股东作为出资的实物，如果实际价额显著低于公司章程所规定价额的，应当由交付出资的股东补交其差额，公司设立时其他股东对其承担连带责任；未按规定缴纳所认缴出资的股东应当向已足额缴纳出资的股东承担违约责任。因此，Y和Z应补交其出资差额，如果Y和Z或其中之一不能补足该差额时，X和已补交出资的股东必须承担连带责任。与此同时，Y和Z应当向X承担违约责任。

# 2020年注册会计师全国统一考试
# 《经济法》全真模拟试题（五）

**一、单项选择题**（本题型共24题，每题1分，共24分。每题只有一个正确答案，请从每题的备选答案中选出一个你认为正确的答案）

1. 根据民事法律制度的规定，下列各项中，属于无权利能力的是（　　）。

A. 不满周岁的婴儿　　B. 精神病人

C. 植物人　　D. 智能机器人

2. 根据民事法律制度的规定，下列各项中，属于诉讼时效中断事由的是（　　）。

A. 债权人发送催收信件到达债务人

B. 债务人向债权人请求延期履行

C. 债权人申请诉前财产保全

D. 债务人向债权人承诺提供担保

3. 下列各项中，不属于抵押担保范围的是（　　）。

A. 主债权的利息　　B. 债权人起诉债务人的诉讼费

C. 抵押物保管费用　　D. 实现抵押权的费用

4. 甲公司与乙公司订立的买卖合同约定：甲公司向乙公司购买西服价款总值为9万元，甲公司于8月1日前向乙公司预先支付货款6万元，余款于10月15日在乙公司交付西服后2日内一次付清。甲公司以资金周转困难为由，未按合同约定预先支付货款6万元。10月15日，甲公司要求乙公司交付西服。根据合同法律制度的规定，乙公司可以行使的权利是（　　）。

A. 同时履行抗辩权　　B. 先履行抗辩权

C. 不安抗辩权　　D. 撤销权

5. 根据合同法律制度的规定，下列关于债权转让的表述不正确的是（　　）。

A. 债权转让应当通知债务人

B. 债权转让无需征得债务人同意

C. 债务人可与债权人约定债权不得转让

D. 债权转让后，受让人不能取得债权的从权利

6. 赠与合同赠与人的撤销权，自知道或者应当知道撤销原因之日起（　　）行使。

A. 6个月内　　　　B. 1年内

C. 2年内　　　　D. 3年内

7. 甲公司向乙公司签发一张金额为50万元的银行承兑汇票，用于支付购买原材料的价款。乙公司随即将汇票背书转让给丙公司，用于返还借款。在丙公司提示付款前，甲、乙公司之间的买卖合同因乙公司欺诈而被人民法院撤销。甲公司的下列主张中，符合票据法律制度规定的是（　　）。

A. 请求乙公司返还货款50万元

B. 请求乙公司返还票据

C. 请求丙公司返还汇票

D. 请求承兑银行对丙公司拒绝付款

8. 根据外汇法律制度的规定，下列外汇收支活动中，应当适用《外汇管理条例》的是（　　）。

A. 德国驻华大使汉斯在华任职期间的薪酬

B. 最近2年一直居住在深圳的泰国公民巴颂，出租其在泰国的住房获得的租金

C. 美国花旗银行伦敦分行在香港地区的营业所得

D. 正在中国短期旅行的美国人大卫，得知其在美国购买的彩票中了100万美元的大奖

9. 某上市公司经理在执行公司职务时违反了公司章程，给公司造成了损失，具有法定资格的股东经向监事会提出向人民法院提起诉讼的书面请求后遭拒绝的，有权为了公司的利益以自己的名义直接向人民法院提起诉讼。根据《公司法》的规定，该具有法定资格的股东是（　　）。

A. 连续90日以上单独或者合计持有公司1%以上股份的股东

B. 连续90日以上单独或者合计持有公司5%以上股份的股东

C. 连续180日以上单独或者合计持有公司1%以上股份的股东

D. 连续180日以上单独或者合计持有公司5%以上股份的股东

10. 某有限责任公司于2017年4月18日召开股东会，选举公司的监事。下列人员中可以担任公司监事的是（　　）。

A. 在某国家机关任处长的王某

B. 曾因挪用公款罪被判处有期徒刑，2016年2月13日刑满释放的李某

C. 曾担任某公司的法定代表人，该公司于2015年7月被宣告破产，对公司破产负有个人责任的赵某

D. 该公司业务员王某

11. 《公司法》规定，有限责任公司由（　　）个以下股东出资设立，允许设立1人公司。

A. 30　　　　B. 50

C. 45　　　　D. 60

12. 根据《证券法》的规定，下列关于首次发行股票时老股转让的论述，（　　）是错误的。

A. 发行人在首次公开发行新股时，鼓励持股满两年的原股东将部分老股向投资者转让

B. 公司股东公开发售股份后，公司的股权结构不得发生重大变化

C. 公司股东公开发售股份后，公司的实际控制人不得发生变更

D. 发行公告应披露公司股东拟公开发售股份总数及股东名称等，并提示投资者关注公司将不会获得公司股东公开发售股份所得资金

13. 根据公司法律制度的规定，上市公司在一年内出售重大资产超过公司资产总额一定比例的，应当由股东大会作出决议，并经出席会议的股东所持表决权的2/3以上通过。该比例是（　　）。

A. 10%　　B. 30%

C. 50%　　D. 70%

14. 根据《证券法》的规定，下列各项中，不属于证券交易内幕信息知情人的是（　　）。

A. 发行人的董事、监事、高级管理人员

B. 发行人控股的公司及其董事、监事、高级管理人员

C. 持有公司2%股份的股东及其董事、监事、高级管理人员

D. 保荐人、承销的证券公司、证券交易所、证券登记结算机构、证券服务机构的有关人员

15. 甲向乙租借了一辆大型运输车。借用期间，甲以该运输车作为出资，与他人共同设立以运输为主业的丙有限责任公司。丙公司其他股东对甲并非该车辆所有人的事实并不知情。根据公司法律制度和物权法律制度的规定，下列有关甲的出资的表述中，正确的是（　　）。

A. 甲出资无效，不能取得股东资格，乙有权要求返还车辆

B. 甲出资无效，应以其他方式补足出资，丙公司向乙返车辆

C. 甲出资有效，乙无权要求返还车辆，但甲应向乙承担赔偿责任

D. 甲出资有效，乙无权要求返还车辆，但丙公司应向乙承担赔偿责任

16. 《企业破产法》规定，人民法院受理破产申请前一定时间内，债务人有不能清偿到期债务，并且资产不足以清偿全部债务或者明显缺乏清偿能力，仍对个别债权人进行清偿的，管理人有权请求人民法院予以撤销。这个时间是（　　）。

A. 3个月　　B. 9个月

C. 2个月　　D. 6个月

17. 根据法律规定，下列关于破产重整的论述，正确的是（　　）。

A. 自人民法院裁定债务人重整之日起至重整计划执行完毕，为重整期间

B. 在重整期间，债权人对债务人的特定财产享有的担保权，可以继续行使

C. 债务人在重整期间为重整进行而发生的费用，原则上属于共益债务

D. 债务人企业有欠缴社会保险费用的，该项费用的债权人参加重整计划草案的表决

18. A公司向B公司签发并交付一张票据，B公司又向C公司背书转让了该票据，后C公司再次向D公司转让了该票据。经银行审核，B公司在向C公司转让该票据时，其签章不符合规定。对此，下列说法正确的是（　　）。

A. 该票据无效

B. B公司的签章无效，但不影响其他真实签章的效力

C. 因A公司的签章有效，尽管B公司的签章不符合规定，但其背书仍然有效

D. B公司的签章无效，但不影响A公司签章的效力

19. 根据我国汇票行使的情况来看，下列汇票中无须提示承兑的是（　　）。

A. 定日付款汇票　　B. 见票即付汇票

C. 出票后定期付款汇票　　D. 见票后定期付款汇票

20. 根据《票据法》的规定，见票即付的汇票，向付款人提示付款的期限为（　　）。

A. 到期日起10日内　　B. 出票日起1个月内

C. 出票日起10日内　　D. 到期日起1个月内

21. 对下列国家出资企业的管理者，履行出资人职责的机构依法有权任免的是（　　）。

A. 国有独资公司的财务负责人

B. 国有资本控股公司的总经理

C. 国有资本参股公司的监事会主席

D. 国有独资企业的副经理

22. 甲企业是国有控股企业，2017年拟增加注册资本，增资后国家将不再拥有甲企业的控股权。根据《企业国有资产交易监督管理办法》的规定，甲企业的增资行为应当（　　）。

A. 经国有资产监督管理机构批准

B. 经商务部批准

C. 经本级人民政府批准

D. 经甲企业股东大会批准

23. 依《反垄断法》规定，属于经营者集中情形的是（　　）。

A. 经营者通过取得资产的方式，取得对其他经营者的表决权

B. 经营者通过合同等方式，能够对其他经营者施加影响

C. 经营者合并

D. 经营者联合抵制交易

24. 根据《外商投资法》的规定，下列关于外商投资管理的表述错误的是（　　）。

A. 国家对外商投资实行准入前国民待遇加负面清单的管理制度

B. 外商投资企业的注册资本用人民币表示

C. 外商投资企业的注册资本可以用人民币表示，也可以用可自由兑换货币表示

D. 外国投资者并购中国境内企业或者以其他方式参与经营者集中的，应当符合《反垄断法》的规定

**二、多项选择题**（本题型共14题，每题1.5分，共21分。每题均有多个正确答案，请从每题的备选答案中选出你认为正确的答案。不答、错答、漏答均不得分）

1. 除斥期间规定的是权利存续期间，也称不变期间，其不适用（　　）。

A. 中断　　B. 终止

C. 延长　　D. 中止

2. 留置权是担保物权，下列表述正确的有（　　）。

A. 留置权属于法定的担保物权

B. 债权人留置的动产，应当与债权属于同一法律关系，但企业之间留置的除外

C. 留置的财产为可分物的，留置权人可以就其留置物的全部行使留置权

D. 债权人在其债权没有得到清偿时，有权留置债务人的财产，并给债务人确定 2 个月以上的履行期限

3. 根据法律规定，下列关于担保的论述，正确的有（　　）。

A. 债务人为他人作抵押担保，抵押物不足以清偿全部抵押债的，进入破产程序后，抵押债权人可以就未受清偿的部分申报债权

B. 质权自质物交付时成立，故质押合同是实践性合同

C. 在民间借贷纠纷中，连带责任保证的出借人仅起诉借款人的，法院可以不追加保证人为共同被告；出借人仅起诉保证人的，法院可以追加借款人为共同被告

D. 在民间借贷纠纷中，一般保证的出借人仅起诉保证人的，法院应当追加借款人为共同被告；出借人仅起诉借款人的，法院可以不追加保证人为共同被告

4. 根据《合同法》的规定，在下列情形中，赠与合同的赠与人应承担的损害赔偿责任包括（　　）。

A. 因赠与人故意，致使赠与的财产毁损、灭失的

B. 因赠与人重大过失，致使赠与的财产毁损、灭失的

C. 赠与人故意不告知赠与的财产有瑕疵，造成受赠人损失的

D. 赠与人保证赠与的财产无瑕疵，造成受赠人损失的

5. 合伙协议对合伙人财产份额转让的相关问题没有约定，则下列各项中，有关普通合伙企业在存续期间合伙人将其在合伙企业中财产份额转让的说法，正确的有（　　）。

A. 向其中一方合伙人转让时，无须通知，也无须征得其他合伙人的同意

B. 向其中一方合伙人转让时，无须征得其他合伙人的同意，但应通知其他合伙人

C. 向合伙人以外的人转让时，应通知其他合伙人，但无须征得其他合伙人的同意

D. 向合伙人以外的人转让时，应征得其他合伙人的一致同意

6. 王某在公司设立中有下列行为，其中（　　）是符合法律规定的。

A. 王某为设立公司以自己名义对外签订了合同，该合同责任应由公司承担

B. 王某为设立公司以自己名义对外签订了合同，公司成立后对该合同未予以确认，该合同责任应由王某承担

C. 王某以设立中的公司名义对外签订合同，公司成立后，该合同责任应由公司承担

D. 王某以设立中的公司名义对外签订合同，公司成立后，有证据证明王某利用设立中的公司的名义为自己的利益与相对人签订合同，公司不承担合同责任

7.《公司法》完善了对有限责任公司股东查阅权的规定。股东有权查阅、复制（　　）等。

A. 公司章程　　B. 股东会会议记录

C. 董事会会议决议　　D. 监事会会议决议

8. 下列关于非上市公众公司收购的论述，符合法律规定的为（　　）。

A. 最近两年有重大违法行为的，不能收购公众公司

B. 担任因违法被吊销营业执照的公司的董事，并负有个人责任，自该公司被吊销营业执照之日起未逾 3 年的，不能收购公众公司

C. 以协议方式进行上市公司收购，在过渡期内确有充分理由改选董事会的，来自收购

人的董事不得超过董事会成员的1/2

D. 通过协议方式，投资者及其一致行动人在公众公司中拥有权益的股份拟达到或者超过公众公司已发行股份10%的，应当进行信息披露

9. 下列关于上市公司重大资产重组的论述，错误的是（　）。

A. 上市公司购买、出售的资产净额占公司最近一个会计年度经审计的合并财务会计报告期末净资产额的比例达到50%以上，且超过3 000万元人民币，构成重大资产重组

B. 上市公司重组中，通过发行股份购买资产的，发行股份的价格不得低于市场参考价的90%

C. 特定对象以资产认购而取得的上市公司股份，自股份发行结束之日起36个月内不得转让

D. 上市公司重组中，借壳上市申请或者发行股份购买资产的申请，应当提交并购重组委审核

10. 甲、乙、丙三国企业均向中国出口某化工产品。2016年中国生产同类化工产品的企业认为进口的这一化工产品价格过低，向商务部提出了反倾销调查申请。根据对外贸易法律制度的规定，下列表述不正确的是（　）。

A. 反倾销税税额不应超过终裁决定确定的倾销幅度

B. 反倾销税的纳税人为倾销进口产品的甲、乙、丙三国企业

C. 商务部可要求甲、乙、丙三国企业作出价格承诺，否则不能进口

D. 征收反倾销税，由商务部作出决定并予以公告

11. 根据法律规定，下列关于《单用途预付卡管理办法》的论述，错误的有（　）。

A. 发行机构与特约商户为同一法人的预付卡，不属于《单用途预付卡管理办法》规制的预付卡范围

B. 记名预付卡应当可以挂失，可以赎回，有效期不得低于3年

C. 预付卡不得具有透支功能

D. 从事零售业、住宿和餐饮业、居民服务业的企业法人也可以在境内开展多用途商业预付卡业务

12. 下列关于国有资产交易的论述，正确的是（　）。

A. 上市公司的国有股权转让不适用《企业国有资产交易监督管理办法》

B. 已设定担保物权的国有资产不能进行交易

C. 企业国有资产交易包括国有及国有控股企业、国有实际控制企业产权转让、增资和资产转让的行为

D. 政府部门、机构、事业单位出资设立的国有独资公司对外出资，拥有股权比例达到50%的各级子企业，属于《企业国有资产交易监督管理办法》所调整的国有控股企业

13. 甲、乙、丙、丁在一起交流学习《关于审理因垄断行为引发的民事纠纷案件应用法律若干问题的规定》的体会，下列论述错误的有（　）。

A. 甲认为，只有因垄断行为直接受到损失的自然人、法人或者其他组织，可以向人民法院提起反垄断民事诉讼，间接购买人不能作为垄断民事案件原告

B. 乙认为，执法机构已对相关垄断行为进行了查处，是人民法院受理垄断民事纠纷案件的前提条件

C. 丙认为，专家在法庭上提供的意见属于垄断民事诉讼案件的证据

D. 丁认为，原告知道自己因垄断行为受到损害超过 3 年的，即使被告提出诉讼时效抗辩，原告也能得到赔偿

14. 根据《外商投资法》的规定，对外商投资涉及（　　）进行国家安全审查。

A. 敏感并购对象　　B. 敏感行业

C. 敏感技术　　D. 敏感地域

**三、综合题**（本题型共 4 题，第 1 题 16 分，第 2 题 9 分，第 3 题 17 分，第 4 题 13 分，共 55 分）

1. 甲企业拥有三幢房产，分别为厂房 A、厂房 B 和一幢办公楼，其中，厂房 A 为与乙企业和丙企业共同共有。2013 年有关甲企业房产的事项如下：

（1）乙企业准备将厂房 A 进行内部装修，添置新的附属设施，经查，甲、乙、丙三家企业事先均没有约定处理方式，乙企业与甲企业和丙企业交涉后，甲企业表示同意；但是丙企业认为现有厂房已经可以完全满足三个企业生产的需要，不用再浪费资金进行装修和加装设施。

（2）2013 年 2 月，甲企业曾为添置一套新的生产设备而向工商银行贷款 1 000 万元，同时向建设银行贷款 500 万元，均以厂房 B 提供抵押，该厂房评估价值为 2 000 万元。甲企业与工商银行和建设银行分别于 2013 年 2 月 10 日和 2 月 11 日签订了借款合同和抵押合同，后于 2 月 14 日向房产管理部门同时办理了工商银行和建设银行的抵押物登记手续。2013 年 12 月，两项贷款同时到期，甲企业不能清偿到期债务，欠工商银行和建设银行贷款本金及利息分别为 1 075 万元和 537 万元，经协商，将甲企业的厂房 B 变卖，所得价款为 1 300 万元。

（3）2013 年 2 月 1 日，甲企业为弥补流动资金不足，向中国银行申请流动资金贷款，借款期限为 6 个月。由于资金使用量不确定，以办公楼提供最高额抵押，办公楼评估价值 800 万元。双方约定担保的最高债权额为 500 万元，债权确定时间为 6 月 1 日。此后，甲企业借入的贷款情况如下：

① 3 月 1 日借入 100 万元；

② 4 月 12 日借入 200 万元；

③ 5 月 10 日借入 360 万元。

6 月 1 日时，甲企业只清偿了 3 月 1 日借入的 100 万元，剩余贷款本金及利息 578 万元无法清偿。经与中国银行协商将甲企业的办公楼拍卖用于清偿，拍卖价款为 900 万元。中国银行要求以全部的欠款 578 万元优先获得清偿。

2013 年 3 月 1 日，甲企业与某加工厂签订委托加工合同，甲企业提供原材料，加工厂为其提供热处理加工。该厂加工完成后发现 A 企业急需一批与其所加工材料相同的原料，于是将甲企业的原材料以市场价格转让给了 A 企业。A 企业不知该原材料是甲企业委托加工厂加工的，购回后立即投入了生产。甲企业得知情况后要求 A 企业立即返还剩余的材料并给予其赔偿，双方发生了纠纷。

根据以上情况并结合《物权法》的规定，分析回答下列问题：

（1）厂房 A 是否可以进行内部装修，添置新的附属设施？请说明理由。

（2）甲企业与工商银行和建设银行签订的抵押合同何时生效？请说明理由。

（3）工商银行和建设银行的抵押权何时设立？请说明理由。

（4）如何清偿工商银行和建设银行的贷款？请说明理由。工商银行和建设银行各自可以获得多少清偿额？

（5）中国银行的债权清偿请求是否符合法律规定？请说明理由。

（6）甲企业与A企业的纠纷中，谁享有原材料的所有权？请说明理由。

（7）甲企业是否可以要求加工厂返还原材料？请说明理由。

（8）甲企业在与A企业的纠纷中如何保护自己的权益？

2. 甲、乙、丙、丁四位合伙人共同出资成立合伙企业，签订合伙协议如下：

（1）四位合伙人出资分别为80万元、60万元、40万元、20万元，甲、乙、丙三位合伙人均以货币出资，丁合伙人以实物和劳务各50%出资。

（2）合伙企业收益平均分配。若企业清算时，总资产中相当于出资额的部分按出资比例分配，超过部分平均分配。

（3）确定丁为合伙企业事务的执行人，并规定丁对外代表合伙企业签订合同时，凡是标的超过50万元的，均应经全体合伙人一致同意。

（4）合伙企业名称为“达成有限公司”。该合伙企业成立经营一段时间后，丙提出将其持有合伙企业的全部财产份额转让给张三。经全体合伙人同意，并在如实告知企业财务状况和经营情况的条件下张三入伙。张三入伙前该企业资产总额200万元，负债总额60万元。张三入伙后，企业又经营了一年，亏损严重，决定清算。清算前，企业总资产220万元，总负债为240万元。总资产中含对李四的债权20万元。在清算偿债过程中，出现以下争议：

（1）甲认为自己欠李四20万元，李四欠合伙企业20万元，彼此可以相互抵销；

（2）乙认为合伙企业全部负债中欠A的40万元是因为丁违反合伙协议规定，私自签订合同标的为65万元的经济合同而形成的，虽然A不知道合伙企业的内部限制性规定，但丁的行为属于超越权限，该债务应由丁个人承担，与合伙企业无关；

（3）丙认为自己已经退伙，不再承担任何责任和义务；

（4）丁认为甲拥有大量个人存款，且出资额最大，合伙企业资产不足以偿还债务所形成的差额部分应由甲个人承担，与其他合伙人无关；

（5）张三认为自己入伙时与丙签有个人协议，自己只对入伙后的债务180万元承担责任，对其入伙前合伙企业的60万元债务不承担责任。

根据以上资料，结合《合伙企业法》的规定，分析回答下列问题：

（1）合伙协议有哪些不当之处，依法应如何处罚？

（2）合伙企业清算时，前后五位合伙人的观点是否正确？试分别评析说明。

（3）若甲个人偿还了合伙企业资产不足抵债的差额部分后，还能否向其他合伙人追索多偿还的部分？

3. 2011年10月，私募股权投资基金“天信资本”拟对环球有限责任公司（以下简称“环球公司”）进行股权投资。天信资本调查发现，环球公司成立于2010年2月，注册资本为2 000万元；自然人股东甲、乙和法人股东A公司分别认缴的出资比例为15%、15%和70%。A公司以现金200万元和500平方米办公用房作价1 200万元出资，并且于首期缴付了200万元现金。办公用房于2010年6月交付环球公司使用，但一直未办理过户手续。按照股东协议的约定，A公司应于2010年6月底之前缴付全部出资。基于上述事实，天信资本认为，A公司的实物出资义务尚未履行完毕。A公司遂应天信资本要求，将办公用房过户给了环球公司。

甲的同学丙在获悉天信资本有意投资环球公司后提出，甲和丙在环球公司成立前签订有股权代持协议，约定由丙实际出资并享受投资收益，甲仅作为名义股东代行股权。丙据此要求甲返还环球公司分红，并请求环球公司确认股东身份。天信资本经调查确认，甲和丙之间的股权代持协议属实，且不存在可能导致该协议无效的其他法定情形。但甲不同意确认丙的股东身份，只同意向丙返还出资本息，且拒绝返还分红。对于丙的确认股东身份的请求，乙与A公司均表示反对，环球公司遂予以拒绝。后经天信资本协调，甲、丙于2010年11月达成和解，甲向丙返还300万元出资款本息并给予高额补偿，丙放弃其他请求并与甲解除股权代持协议。

2011年12月，天信资本入股环球公司，环球公司同时整体改制为股份有限公司。2013年3月，环球公司获准首次公开发行股票，并在深圳证券交易所挂牌上市。

2015年1月，环球公司拟公开增发股票。证券公司调查发现，环球公司从2012年至2014年分别实现可分配利润1 080万元、1 800万元和3 000万元，并累计分配利润1 280万元，其中现金分红480万元。证券公司认为，环球公司在利润分配方面不符合增发条件，建议改换其他融资方式。环球公司遂申请分期发行8 000万元公司债券，并获中国证监会核准。环球公司于2015年5月发行公司债券4 000万元，再于同年6月和7月各发行公司债券2 000万元。

2015年7月初，环球公司开始与B上市公司洽谈收购事宜。环球公司总经理秘书丁无意中听到公司总经理与董事长讨论此事，遂于7月4日买入B公司股票3万股。7月6日，市场出现收购传闻，B公司股价当日及次日连续涨停。B公司询证相关股东后，于7月8日发布公告，称该公司的股东C公司正与环球公司就收购事宜进行谈判。B公司股票随即停牌。7月15日，环球公司与C公司正式签订协议，收购后者所持B公司30%的股份，并发布相关公告，股票复牌。丁于7月18日悉数卖出此前买入的B公司股票，获利丰厚。收购协议于2015年7月底履行完毕，环球公司成为B公司的大股东。

2016年8月，B公司发布公告称，环球公司从二级市场再增持B公司1.5%的股份。

根据上述资料和有关法律规定，回答下列问题：

（1）天信资本认为A公司的实物出资义务未履行完毕的观点是否成立？请说明理由。

（2）甲是否有权拒绝丙关于返还环球公司分红的请求？请说明理由。

（3）环球公司是否有权拒绝丙关于确认股东身份的请求？请说明理由。

（4）证券公司认为环球公司在利润分配方面不符合增发条件的意见是否正确？请说明理由。

（5）环球公司分期发行公司债券的时间间隔是否符合规定？请说明理由。

（6）B公司是否有义务于7月8日发布关于收购谈判事项的公告？请说明理由。

（7）秘书丁的行为是否构成内幕交易？请说明理由。

（8）环球公司从二级市场增持B公司1.5%股份时，是否必须向其他股东发出收购要约或向中国证监会申请豁免？请说明理由。

4. 2016年4月，甲公司与乙机床厂（以下简称“乙厂”）签订了机器设备买卖合同，乙厂向甲公司提供 A、B 两种型号机器设备各一台，其中 A 型号设备价款 180 万元，B 型号设备价款 100 万元，总价款为人民币 280 万元。双方约定：乙厂于 2013 年 6 月交付 A 型号机器设备，甲公司在收到该设备后 10 日内付 150 万元设备款；2013 年 10 月乙厂交付 B 型号机器设备，甲公司收到该设备后 10 日内付清剩余的设备款；在甲公司付清货款以前，乙厂保留对货物的所有权。为保证该合同的履行，丙公司与乙厂签订了保证合同，但合同中未约定保证方式，仅约定当甲公司不能清偿债务时由丙公司履行清偿义务。

2016 年 6 月 15 日，乙厂按期交付 A 型号机器设备，甲公司因当时资金周转困难只支付了 100 万元设备款。同年 10 月 15 日，因甲公司不能清偿到期债务被债权人申请破产清算。而乙厂已于 10 月 13 日将 B 型号机器设备发运，人民法院受理甲公司破产案件时甲公司尚未收到该设备。乙厂获悉该事实后，向甲公司破产案件的管理人提出行使取回权，收回运输途中 B 型号机器设备。

乙厂获悉甲公司被人民法院受理破产清算的事实后，于 11 月 15 日要求丙公司承担保证责任，代甲公司支付剩余设备款，丙公司认为其作为保证人依法享有先诉抗辩权，所以拒绝承担保证责任。乙厂认为保证合同未约定保证方式，丙公司应承担连带保证责任。

根据上述资料和有关法律规定，回答下列问题：

（1）甲公司收到 A 型号机器设备，未支付全部设备款，在甲公司破产宣告后，该设备是否属于破产财产？应当如何处理？

（2）在甲公司破产案件受理后，乙厂对 B 型号机器设备行使取回权是否有法律根据？请说明理由。

（3）丙公司的保证方式为何种？丙公司对乙厂请求其承担保证责任的拒绝理由是否成立？请分别说明理由。

（4）丙公司应如何承担保证责任？

（5）甲公司破产案件受理后，丙公司什么情况下可以申报债权？

# 2020年注册会计师全国统一考试《经济法》全真模拟试题（五）参考答案及解析

## 一、单项选择题

1. 答案：D

解析：根据规定，自然人从出生时起到死亡时止，具有民事权利能力，依法享有民事权利，承担民事义务。机器人不是自然人，没有民事权利能力。

2. 答案：C

解析：本题考核诉讼时效的中断。选项A，属于权利人向义务人提出履行请求；选项B、D，债务人作出请求延期履行、提供担保等承诺或者行为的，属于债务人同意履行义务；选项C，申请诉前财产保全与提起诉讼或者申请仲裁具有同等效力，引起诉讼时效中断。

3. 答案：B

解析：本题考核担保物权的担保范围。担保物权的担保范围包括主债权及其利息、违约金、损害赔偿金、保管担保财产和实现担保物权的费用。

4. 答案：B

解析：本题考核先履行抗辩权的行使。先履行抗辩权，是指合同当事人互负债务，有先后履行顺序，先履行一方未履行的，后履行一方有权拒绝其相应的履行要求。本题中甲公司未按合同约定于8月1日前支付6万元货款，作为后履行一方的乙公司有权拒绝甲公司要求其履行交付西服。

5. 答案：D

解析：选项A、B，债权人转让权利，不需要经债务人同意，但应当通知债务人。未经通知，该转让对债务人不发生效力。选项C，债务人可与债权人约定债权不得转让。选项D，债权人转让权利的，受让人同时取得与主债权有关的从权利，但该从权利专属于债权人自身的除外。

6. 答案：B

解析：赠与人的撤销权，自知道或者应当知道撤销原因之日起1年内行使。

7. 答案：A

解析：选项 A，一方以欺诈手段，使对方在违背真实意思的情况下实施的民事法律行为，受欺诈方可以撤销合同，要求返还财产。选项 B、C、D，由于票据基础关系的瑕疵并不影响票据行为的效力。不具有真实的交易关系和债权债务关系而为的票据行为，当事人可能因此而应承担行政法律责任甚至刑事责任，而票据行为的效力并不因此受影响。所以，出票人不得请求返还汇票，不得请求承兑银行拒绝付款。

8. 答案：B

解析：境内机构和境内个人的外汇收支或者外汇经营活动，不论其发生在境内或境外，均适用该条例。对于境外机构和境外个人而言，仅在中国境内的外汇收支和外汇经营活动适用该条例（选项 C 是境外机构在境外的外汇收支）。境内机构，是指人民共和国境内的国家机关、企业、事业单位、社会团体、部队等，外国驻华外交领事机构和国际组织驻华代表机构除外。所谓境内个人，是指中国公民和在中华人民共和国境内连续居住满 1 年的外国人（选项 D 是短期旅行），外国驻华外交人员（选项 A）和国际组织驻华代表除外。

9. 答案：C

解析：本题考核股东代表诉讼的规定。根据规定，公司董事、高级管理人员执行公司职务时违反法律、行政法规或者公司章程的规定，给公司造成损失的，股份有限公司连续 180 日以上单独或者合计持有公司 1% 以上股份的股东，可以书面请求监事会向人民法院提起诉讼。如果监事会对此拒绝提起诉讼的，股份有限公司连续 180 日以上单独或者合计持有公司 1% 以上股份的股东，有权为了公司的利益以自己的名义直接向人民法院提起诉讼。

10. 答案：D

解析：本题考核公司的董事、监事、高级管理人员的任职资格。《公司法》规定，因经济犯罪被判处刑罚，执行期满未逾 5 年的；担任破产清算的公司、企业的董事或厂长、经理，对该公司、企业的破产负有个人责任的；自该公司、企业破产清算完结之日起未逾 3 年以及国家工作人员都不得担任公司的董事、监事、高级管理人员。

11. 答案：B

解析：《公司法》规定，有限责任公司由 50 个以下股东出资设立，允许设立 1 人公司。

12. 答案：A

解析：发行人在首次公开发行新股时，鼓励持股满 3 年的原股东将部分老股向投资者转让。

13. 答案：B

解析：上市公司在一年内购买、出售重大资产或者担保金额超过公司资产总额 30% 的，应当由股东大会作出决议，并经出席会议的股东所持表决权的 2/3 以上通过。

14. 答案：C

解析：选项 C，持有公司 5% 以上股份的股东及其董事、监事、高级管理人员，属于证券交易内幕信息知情人。

15. 答案：C

解析：出资人甲以不享有处分权的运输车出资，如果符合《物权法》第 106 条规定的善意取得条件，丙公司有权主张该车辆的所有权，相应地，甲的出资有效，乙无权要求返还车辆，但可以向甲主张损害赔偿。

16. 答案：D

解析：《企业破产法》规定，人民法院受理破产申请前 6 个月内，债务人有不能清偿到期债务，并且资产不足以清偿全部债务或者明显缺乏清偿能力，仍对个别债权人进行清偿的，管理人有权请求人民法院予以撤销。

17. 答案：C

解析：法律规定，自人民法院裁定债务人重整之日起至重整程序终止，为重整期间；重整期间不包括重整计划执行期间，故选项 A 错。在重整期间，对债务人的特定财产享有的担保权暂停行使，故选项 B 错。重整计划不得规定减免纳入社会统筹账户的社会保险费用，故该项费用的债权人不参加重整计划草案的表决，故选项 D 错。

18. 答案：D

解析：本题考核票据签章不符合规定的效力。背书人在票据上的签章不符合规定的，其签章无效，但不影响其前手符合规定签章的效力。

19. 答案：B

解析：根据我国汇票行使的情况来看，汇票中无须提示承兑的是见票即付汇票。

20. 答案：B

解析：根据《票据法》规定，见票即付的汇票，自出票日起 1 个月内向付款人提示付款。定日付款、出票后定期付款或见票后定期付款的汇票，自到期日起 10 日内向承兑人提示付款。

21. 答案：D

解析：履行出资人职责的机构有权依法任免国有独资企业的总经理、副经理、财务负责人和其他高级管理人员。

22. 答案：C

解析：国有资产监督管理机构负责审核国家出资企业的增资行为。其中，因增资致使国家不再拥有所出资企业控股权的，须由国有资产监督管理机构报本级人民政府批准。

23. 答案：C

解析：选项 A，应是“控制权”而不是“表决权”；选项 B，未表明施加决定性影响；选项 D，为垄断协议。

24. 答案：B

解析：外商投资企业的注册资本可以用人民币表示，也可以用可自由兑换货币表示。

## 二、多项选择题

1. 答案：ACD

解析：除斥期间规定的是权利存续期间，也称不变期间，其不适用中断、中止和延长。

2. 答案：ABD

解析：根据规定，留置权属于法定的担保物权；债权人留置的动产，应当与债权属于同一法律关系，但企业之间留置的除外；A、B 选项正确。留置的财产为可分物的，留置物的价值应当相当于债务的金额。留置物为不可分物的，留置权人可以就其留置物的全部行使留置权；C 选项错误。债权人在其债权没有得到清偿时，有权留置债务人的财产，并给债务人确定 2 个月以上的履行期限；D 选项正确。

3. 答案：CD

解析：法律规定，如破产人仅作为担保人为他人债务提供物权担保的，担保债权人仅在担保物的价值范围内享有优先受偿权，在担保物价款不足清偿担保债额时，余债不得作为破产债权向破产人要求清偿，只能向主债务人求偿，故选项 A 不选。质押合同是诺成性合同，成立即生效，质权自质物交付成立，故选项 B 不选。

4. 答案：ABCD

解析：（1）因赠与人故意或者重大过失，致使赠与的财产毁损、灭失的，赠与人应承担损害赔偿责任；（2）赠与人故意不告知赠与的财产有瑕疵或者保证赠与的财产无瑕疵，造成受赠人损失的，赠与人应承担损害赔偿责任。

5. 答案：BD

解析：本题考核普通合伙企业财产转让的限制性规定。（1）合伙人之间转让在合伙企业中的全部或者部分财产份额时，应当通知其他合伙人。（2）合伙企业存续期间，除合伙协议另有约定外，合伙人向合伙人以外的人转让其在合伙企业中的全部或者部分财产份额时，须经其他合伙人一致同意。

6. 答案：BC

解析：发起人为设立公司以自己名义对外签订合同，合同相对人请求该发起人承担合同责任的，人民法院应予支持，故选项 A 不选。发起人以设立中的公司名义对外签订合同，公司成立后，有证据证明发起人利用设立中的公司的名义为自己的利益与相对人签订合同，公司以此为由主张不承担合同责任的，人民法院应予支持，但相对人为善意的除外，故选项 D 不选。

7. 答案：ABCD

解析：新《公司法》完善了对有限责任公司股东查阅权的规定。股东有权查阅、复制公司章程、股东会会议记录、董事会会议决议、监事会会议决议和财务会计报告。

8. 答案：AD

解析：法律规定，收购人为自然人的，存在《公司法》第一百四十六条规定（不能担任董监高）的情形，不能收购公众公司。《公司法》第一百四十六条规制的是，担任因违法被吊销营业执照的公司的法定代表人，并非董事，故选项 B 错。以协议方式进行上市公司收购，在过渡期内确有充分理由改选董事会的，来自收购人的董事不得超过董事会成员的 1/3，故选项 C 错。

9. 答案：AC

解析：上市公司购买、出售的资产净额占公司最近一个会计年度经审计的合并财务会计报告期末净资产额的比例达到 50% 以上，且超过 5 000 万元人民币，构成重大资产重组，故选项 A 错。特定对象以资产认购而取得的上市公司股份，自股份发行结束之日起 12 个月内不得转让，故选项 C 错。

10. 答案：BCD

解析：选项 B，反倾销税的纳税人为倾销进口产品的进口经营者（而非甲、乙、丙三国企业）。选项 C，商务部可以向出口经营者提出价格承诺的建议，但商务部不得强迫出口经营者作出价格承诺。选项D，征收反倾销税，由商务部提出建议，"国务院关税税则委员会"根据商务部的建议作出决定，由商务部予以公告。

11. 答案：BD

解析：法律规定，记名预付卡应当可挂失、可赎回，不得设置有效期，故选项B错。从事零售业、住宿和餐饮业、居民服务业的企业法人也可以在境内开展单用途商业预付卡业务，故选项D错。

12. 答案：AC

解析：法律规定，已设定担保物权的国有资产可以进行交易，但应符合相关法律法规的规定，故选项B错。政府部门、机构、事业单位出资设立的国有独资公司对外出资，拥有股权比例超过50%的各级子企业，属于《企业国有资产交易监督管理办法》所调整的国有控股企业，故选项D错。

13. 答案：ABC

解析：因垄断行为受到损失以及因合同内容、行业协会的章程等违反《反垄断法》而发生争议的自然人、法人或者其他组织，可以向人民法院提起反垄断民事诉讼。可见，包括间接购买人在内的消费者，是可以作为垄断民事案件原告的，故选项A错。人民法院受理垄断民事纠纷案件，不以执法机构已对相关垄断行为进行了查处为条件，故选项B错。专家在法庭上提供的意见不属于《民事诉讼法》中的证据形式，而是作为法官判案的参考依据，故选项C错。

14. 答案：ABCD

解析：国家建立外商投资安全审查制度，对影响或者可能影响国家安全的外商投资进行安全审查。依法作出的安全审查决定为最终决定。总的原则是对影响或可能影响国家安全、国家安全保障能力，涉及敏感投资主体、敏感并购对象、敏感行业、敏感技术、敏感地域的外商投资进行安全审查。

## 三、综合题

1. 答案：

（1）厂房A不能进行内部装修，也不能添置新的附属设施。

根据规定，当事人对共有的不动产作重大修缮的，应当经全体共同共有人同意，但共有人之间另有约定的除外。本题中，乙企业决定的重大修缮没有经过丙的同意，且当事人之间之前也没有任何的约定，因此乙企业不能进行重大修缮。

（2）甲企业与工商银行签订的抵押合同于2013年2月10日生效，与建设银行签订的抵押于2月11日生效。

根据规定，抵押合同自签订之日起生效。

（3）工商银行和建设银行的抵押权均在2013年2月14日设立。

根据规定，以建筑物设定抵押的，应当办理抵押物登记，抵押权自登记之日起设立。

（4）应该按照工商银行和建设银行的债权比例清偿。

根据规定，同一物上并存数个抵押权的，抵押权已登记的，按照登记的先后顺序清偿；顺序相同的，按照债权比例清偿。本题中，工商银行和建设银行的抵押登记顺序均为同一天，顺序相同，因此应该按照债权比例清偿。

工商银行可以获得的清偿额 = 1 075 × 1 300/(1 075 + 537) = 866.94（万元）

建设银行可以获得的清偿额 = 537 × 1 300/(1 075 + 537) = 433.06（万元）

（5）中国银行的债权清偿请求不符合规定。

根据规定，抵押权人实现最高额抵押时，如果实际发生的债权余额高于最高限额的，以最高限额为限，超过部分不具有优先受偿的效力。本题中，甲企业实际发生的债权余额为578 万元，最高限额为 500 万元，因此中国银行只能以 500 万元的变卖价款要求优先清偿。

（6）A 企业享有原材料的所有权。

根据规定，受让人受让该不动产或者动产时是善意的，并且让与人是以合理的价格转让的，那么受让人取得该不动产或者动产的所有权。本题中，A 企业不知道该原材料是甲企业的，而且以合理的价格受让了材料，是善意取得人，因此 A 企业享有该原材料的所有权。

（7）甲企业不可以要求加工厂返还原材料。由于原材料的所有权已经发生了转移，因此原权利人（甲企业）无权要求让与人（加工厂）返还原物（原材料）。

（8）甲企业可以要求无权处分人（加工厂）承担赔偿责任，也可以要求让与人（加工厂）返还不当得利。

2. 答案：

（1）合伙协议中关于合伙企业名称的规定错误。

合伙企业属无限连带责任性质，名称不能冠以“有限”字样，除责令限期改正外，可处以 2 000 元以下的罚款。

（2）五位合伙人的观点均错误。

①李四欠合伙企业的债务，属于合伙企业的共同财产；甲欠李四的债务，属于两者之间个人的债权债务。某一合伙人的债权人不得以该债权抵销对合伙企业的债务，否则属于强迫全体合伙人共同承担个别合伙人的债务，违反了合伙制度的本意。

②甲为合伙人之外不知道合伙企业内部限制规定的善意的第三人，合伙企业内部的限制性规定对善意的第三人不具有抗辩权。

③丙虽然已经退伙，但对其退伙前合伙企业发生的债务 60 万元仍应承担连带责任，对退伙后新发生的 180 万元债务不承担连带责任。

④《合伙企业法》规定每位合伙人均应承担无限连带责任，该责任的承担人不仅仅限于甲个人。

⑤张三与丙之间的个人协议无效。张三作为合伙人，一旦入伙即对合伙企业的全部债务承担连带责任，包括入伙前的债务和入伙后新发生的债务。

（3）根据合伙企业按其协议约定的比例分担责任的规定，若甲实际偿还的债务额超过了其应承担的合伙企业债务额，属于为其他合伙人代为清偿，有权就代为清偿部分对其他合伙人行使追偿权。

3. 答案：

（1）天信资本认为，A 公司的实物出资义务未履行完毕的观点成立。

根据公司法律制度的规定，出资人以房屋出资，已经交付公司使用但未办理权属变更手续的，当公司、其他股东或者公司债权人主张认定出资人未履行出资义务的，人民法院应当责令当事人在指定的合理期间内办理权属变更手续；在前述期间内办理了权属变更手续的，人民法院应当认定其已经履行了出资义务。因此，在A公司将房屋过户给环球公司之前，其实物出资义务尚未履行完毕。

（2）甲无权拒绝丙关于返还环球公司分红的请求。

根据公司法律制度的规定，在实际出资人与名义股东关于出资的约定合法的情况下，二者因投资权益的归属发生争议，实际出资人以其实际履行了出资义务为由向名义股东主张权利的，该主张应当得到支持。因甲、丙之间的股权代持协议合法有效，且丙实际履行了出资义务，故甲无权拒绝丙返还分红的请求。

（3）环球公司有权拒绝丙关于确认其股东身份的请求。

根据公司法律制度的规定，若实际出资人未经公司其他股东半数以上同意，请求公司变更股东、签发出资证明书、记载于股东名册、记载于公司章程并办理公司登记机关登记，以确认股东身份的，人民法院不予支持。因乙和A公司均予反对，丙的请求未能获得其他股东过半数同意，故环球公司有权拒绝丙关于确认股东身份的请求。

（4）证券公司认为环球公司在利润分配方面不符合增发条件的意见正确。

根据证券法律制度的规定，上市公司增发股票的，其最近三年以现金方式累计分配的利润不得少于最近三年实现的年均可分配利润的30%。环球公司最近三年实现的年均可分配利润为1 960万元，但最近三年的累计现金分红仅480万元，没有达到30%的最低要求。（或答：环球公司最近三年的累计现金分红少于其最近三年实现的年均可分配利润的30%。）

（5）环球公司各期债券发行的时间间隔符合法律规定。

根据证券法律制度的规定，分期发行公司债券的，应自中国证监会核准发行之日起12个月内进行首期发行，剩余数量应当在24个月内发行完毕，其各期发行数量由公司自行确定。

（6）B公司有义务在7月8日发出公告。

根据证券法律制度的规定，在市场就重大事件出现传闻，或者公司证券出现异常交易情况时，上市公司应当及时披露相关事项。公司收购属重大事件，因此在市场出现收购传闻且B公司股价异动的情况下，B公司有义务及时披露相关信息。

（7）丁的行为构成内幕交易。

根据证券法律制度的规定，上市公司收购的有关方案属于内幕信息。丁作为环球公司工作人员，利用工作之便知悉了该信息，属内幕信息知情人，其在该信息公布前买入B公司股票的行为构成内幕交易。

（8）环球公司无须向B公司的其他股东发出收购要约，也无须向中国证监会申请豁免。

根据证券法律制度的规定，投资者在一个上市公司中持有的股份达到或超过该公司已发行股份的30%的，其在上述事实发生之日起1年后的每12个月内增持不超过该公司已发行的2%的股份，不必向中国证监会提出免于进行要约收购的申请，可直接办理股份转让和过户。（或答：环球公司已经通过协议收购持有B公司30%的股份，收购完成已有1年，其在之后的12个月内增持B公司1.5%的股份可以直接办理股份转让和过户，无须发出要约或者向中国证监会申请豁免。）

4. 答案：

（1）因甲乙之间的合同属于保留所有权的合同，故甲公司收到A型号机器设备但未支付全部货款，在甲公司破产宣告后，A型号设备不属于破产财产。如果管理人决定解除该合同，乙厂可以取回A型号设备，但应返还已经收到的100万元货款。如乙厂取回的标的物价值明显减少，可以从已经收到的100万元货款中扣除；如该100万元不足以弥补乙厂的损失，由此形成的债权作为共益债务清偿。如果管理人决定继续履行该合同，则乙厂有权要求管理人及时支付其余80万元货款，货款付清后设备的所有权才归甲公司。如管理人没有正当理由未及时支付货款，给乙厂造成损害的，乙厂有权要求取回设备。如果设备被甲公司管理人出质或者转让而无法取回的，乙厂有权要求赔偿损失。上述80万元货款或损害赔偿金都作为共益债务清偿。

（2）在甲公司破产案件受理后，乙厂对B型号机器设备行使取回权是有法律根据的。

根据规定，人民法院受理破产申请时，出卖人已将买卖标的物向作为买受人的债务人发运，债务人尚未收到且未付清全部价款的，出卖人可以取回在运途中的标的物。

（3）丙公司的保证方式为一般保证，但其拒绝承担保证责任的理由不成立。

法律规定，当事人在保证合同中约定在债务人不能履行债务时由保证人承担保证责任的，为一般保证方式；一般保证人享有先诉抗辩权，但被保证人进入破产程序时一般保证人不能行使先诉抗辩权。

（4）甲公司破产案件受理后，丙公司的保证责任不得因破产而免除。但丙公司是一般保证人，还需处理先诉抗辩权的问题。债权人乙可先以丙保证债权额的全部向丙申报债权。在破产分配过程中，如债权人乙先获得债务人清偿，便应根据清偿结果相应调整其对保证人丙的破产债权额。如债权人乙先从保证人丙处获得清偿，应先行提存。待债权人乙在债务人甲的破产程序中获偿后，保证人丙再按实际承担补充责任的范围向债权人乙支付，余款由法院收回。

（5）甲公司破产案件受理后，如果保证人丙公司已经代替甲企业支付设备款的，可以其对债务人甲企业的求偿权申报债权；如果丙公司尚未代替甲企业清偿债务，但乙厂不申报债权的，丙公司可以其对债务人甲公司的将来求偿权申报债权。

# 2020年注册会计师全国统一考试《经济法》全真模拟试题（六）

**一、单项选择题**（本题型共24题，每题1分，共24分。每题只有一个正确答案，请从每题的备选答案中选出一个你认为正确的答案）

1. 下列各项法律规范中，属于确定性规范的是（　　）。

A. 国有资本控股公司、参股公司与关联方的交易，依照《公司法》和有关行政法规以及公司章程的规定，由股东会、股东大会或者董事会决定

B. 供用水、供用气、供用热力合同，参照供用电合同的有关规定

C. 国务院反垄断委员会的组成和工作规则由国务院规定

D. 不动产的抵押必须办理抵押登记，抵押权自登记之日起设立

2. 根据《合同法》的规定，涉外货物买卖合同的诉讼时效期间为（　　）。

A. 1年　　B. 2年

C. 4年　　D. 3年

3. 根据《物权法》的规定，下列关于质权的说法错误的是（　　）。

A. 质权以交付质押物的占有为前提

B. 仓单可出质

C. 质权人在债务履行期届满前，不得与出质人约定，债务人不履行到期债务时质押财产归债权人所有

D. 质物折价或者拍卖、变卖后，其价款超过债权数额的部分归出质人所有，不足部分由出质人清偿

4. 2010年2月15日，A公司与B银行就借款事宜口头达成协议，3月23日签订一份借款合同。以厂房设定抵押，于4月8日签订了抵押合同，5月11日依法办理了抵押登记。该抵押权的设立时间为（　　）。

A. 2月15日　　B. 3月23日

C. 4月8日　　D. 5月11日

5. 合同有效成立后至履行期限届满前，一方当事人可以解除合同的情形是（　　）。

A. 当事人一方明确表示延迟履行债务的

B. 当事人一方明确表示不履行一部分债务的

C. 当事人一方以自己的行为表明不履行一部分债务的

D. 当事人一方以自己的行为表明不履行主要债务的

6. 根据《合同法》的规定，租赁合同可以约定期限，其最长期限是（　　）。

A. 10 年　　B. 20 年

C. 40 年　　D. 50 年

7. A 公司与 B 大学合作开发完成一项发明，在双方事先没有约定的情况下，（　　）。

A. 申请专利的权利属于 A 公司

B. 申请专利的权利属于 B 公司

C. 申请专利的权利属于 A 公司和 B 公司共有

D. 申请专利的权利属于研究该专利技术的工作人员

8. 根据合伙企业法律制度的规定，合伙协议未约定合伙人之间利润分配和亏损分担比例的，其利润分配和亏损分担的原则是（　　）。

A. 由各合伙人平均分配利润和分担亏损

B. 按各合伙人实际出资比例分配利润和分担亏损

C. 根据各合伙人对合伙企业的贡献大小分配利润和分担亏损

D. 申请人民法院裁定利润分配和亏损分担比例

9. 甲签发汇票一张，金额为 7 万元。收款人乙将汇票转让给丙，丙把金额改为 17 万元，从票面看不出更改痕迹，丙又转让给丁，丁再转让给戊。戊向银行提示付款时被银行拒付。对此下列表述正确的是（　　）。

A. 丙的行为构成更改票据

B. 丙的行为构成变造票据，汇票仍然有效

C. 丙的行为构成变造票据，甲、乙的票据责任免除

D. 丙的行为构成变造票据，汇票无效

10. 根据《公司法》的规定，有限责任公司的下列人员中，可以提议召开股东会临时会议的是（　　）。

A. 总经理　　B. 人数过半数的股东

C. 监事会主席　　D. 人数为半数的董事

11. 公司为了实现增加资本的目的，可以将公积金的一部分转为资本。对用任意公积金转增资本的，法律没有限制，但用法定公积金转增资本时，《公司法》规定，转增后所留存的该项公积金不得少于转增前公司注册资本的（　　）。

A. 20%　　B. 30%

C. 35%　　D. 25%

12. 公司经营管理发生严重困难，继续存续会使股东利益受到重大损失，通过其他途径不能解决的，持有公司全部股东表决权（　　）以上的股东，可以请求人民法院解散公司。

A. 20%　　B. 15%

C. 10%　　D. 5%

13. 下列关于非上市公众公司股票定向发行的论述，正确的是（　　）。

A. 非上市公众公司向特定对象发行股票，必须经过中国证监会的核准

B. 公司的董事、监事、高级管理人员、核心员工，符合投资者适当性管理规定的自然人投资者、法人投资者及其他经济组织成为公司确定的特定发行对象时，合计不得超过 30 名

C. 自中国证监会予以核准之日起，公司应当在 6 个月内首期发行，剩余数量应当在 24 个月内发行完毕。首期发行数量应当不少于总发行数量的 50%

D. 非上市公众公司向特定对象发行股票后股东累计不超过 200 人的，或者非上市公众公司在 12 个月内发行股票累计融资额低于公司净资产的 20% 的，豁免向中国证监会申请核准

14. 甲公司为有限责任公司，其欲非公开发行公司债券，下列（　　）不符合合格投资者条件。

A. 基金管理公司及其子公司

B. 净资产不低于人民币 1 000 万元的合伙企业

C. 社会保障基金

D. 名下金融资产不低于人民币 500 万元的个人投资者

15. 下列有关公开发行公司债券的说法，符合证券法规定的是（　　）。

A. 公司债券可以公开发行，也可以非公开发行

B. 公开发行公司债券应当经过中国证监会核准

C. 公司债券的期限为 2 年以上

D. 公司债券的发行价格由发行人自行确定

16. 根据企业破产法律制度的规定，人民法院受理破产申请前 6 个月内，涉及债务人财产的下列行为中，管理人有权请求人民法院予以撤销的是（　　）。

A. 向他人无偿转让企业财产

B. 支付职工劳动报酬

C. 支付人身损害赔偿金

D. 在设定债务的同时，并为该债务提供财产担保

17. 根据《破产法》的规定，破产企业债权人会议的职权不包括（　　）。

A. 决定是否受理企业破产的申请

B. 申请法院更换管理人

C. 通过和解协议草案

D. 通过破产财产的处理和分配方案

18. 支票限于见票即付，不得另行记载付款日期。另行记载付款日期的法律后果是（　　）。

A. 收款人认可的，该记载有效

B. 记载无效，票据依然有效

C. 因该记载支票归于无效

D. 该记载处应加盖财务章

19. 根据有关规定，在托收承付办理过程中，付款人累计一定次数向收款人提出无理拒付的，付款人开户银行应暂停其向外办理托收。该一定次数为（　　）。

A. 2 次　　　　　　　　　　　　　　　B. 3 次

C. 4 次　　　　　　　　　　　　　　　D. 5 次

20. 根据支付结算法律制度的规定，国内信用证的有效期最长不得超过（　　）。

A. 3 个月　　　　　　　　　　　　　　B. 6 个月

C. 9 个月　　　　　　　　　　　　　　D. 12 个月

21. 国有股东协议转让上市公司股份的价格应当以上市公司股份转让信息公告日前（　）个交易日的每日加权平均价格算术平均值为基础确定；确需折价的，其最低价格不得低于该算术平均值的（　　）。

A. 20　60%　　　　　　　　　　　　　B. 30　70%

C. 20　90%　　　　　　　　　　　　　D. 30　90%

22. 根据金融企业国有资产产权登记法律制度的规定，下列各项论述错误的是（　　）。

A. 新设金融类企业应当于办理工商注册登记后 30 个工作日内向主管财政部门申办产权占有登记

B. 金融类企业管理级次发生变动，须申办产权变动登记

C. 金融类企业转让全部国有产权或改制后不再设置国有股权的，须向主管财政部门申办产权注销登记

D. 金融类企业被依法宣告破产的，应当自法院裁定之日起 60 个工作日内，申请办理产权注销登记

23. 下列不属于《反垄断法》所禁止的滥用行政权力排除、限制竞争行为的是（　）。

A. 对外地商品设定歧视性收费项目

B. 限制外地经营者参加本地招标投标

C. 通过颁布行政规范性文件的方式限制外地企业与本地企业进行竞争

D. 提高对市场上销售某类所有产品的检验标准

24. 国家对外国投资者的投资不实行征收。在特殊情况下，国家为了公共利益的需要依照法律规定对外国投资者的投资实行征收的，应当依照法定程序、以非歧视性的方式进行，并按照被征收投资的市场价值（　　）及时给予补偿。

A. 征收部门的定价

B. 双方协商价值

C. 外国投资者当地的市场价值

D. 被征收投资的市场价值

**二、多项选择题**（本题型共 14 题，每题 1.5 分，共 21 分。每题均有多个正确答案，请从每题的备选答案中选出你认为正确的答案。不答、错答、漏答均不得分）

1. 2014 年 5 月 20 日，甲公司派其下属张某向 X 儿童用品公司订购一批童装为接下来的“六一”儿童节做好准备，并交给其一份盖有印章的合同书。张某在去市场途中，觉得 Y 品牌童装更加受消费者喜爱，于是自己决定与 Y 公司订立合同。Y 公司在检查合同书确认张某为甲公司员工后，与其订立合同。根据规定，下列表述正确的有（　　）。

A. 张某的行为属于无权代理　　B. Y公司可以主张其为表见代理

C. Y公司享有撤销权　　D. 甲公司可以主张代理行为无效

2. 甲方向乙方购买一批通用设备，价值300万元，约定分三期付款，5月10日前付一期款120万元，6月10日前付二期款100万元，7月10日前付清余款80万元。但到6月10日，甲方累计只付款150万元。根据《合同法》的规定，关于乙方权利的下列说法，正确的有（　　）。

A. 有权要求甲方支付已到期的未付价款70万元，但无权要求支付未到期的价款80万元

B. 有权要求甲方支付所有已到期和未到期的设备款计150万元

C. 有权要求解除合同

D. 有权要求撤销合同

3. 商品房买卖合同中，由于出卖人的行为构成了欺诈，买受人可以在解除合同并赔偿损失的前提下，要求出卖人依法承担惩罚性赔偿金。下列属于该法定欺诈情形的有（　　）。

A. 故意隐瞒所售房屋已经抵押的事实

B. 商品房买卖合同订立后，出卖人又将该房屋出卖给第三人

C. 故意隐瞒没有取得商品房预售许可证明的事实

D. 故意隐瞒所售房屋为拆迁补偿安置房屋的事实

4. 根据法律规定，下列关于民间借贷的论述，正确的有（　　）。

A. 出借人以向本单位职工集资取得的资金又转贷给借款人牟利的，该民间借贷合同无效

B. 出借人的借贷行为被已经生效的判决认定构成犯罪，当事人提起民事诉讼的，民间借贷合同当然无效

C. 企业法定代表人以个人名义与出借人签订民间借贷合同，所借款项用于企业生产经营的，出借人可以请求企业与个人共同承担责任

D. 借贷双方约定的利率超过年利率36%，超过部分的利息约定无效

5. 根据公司法律制度的规定，在公司章程没有特别规定时，优先股股东可以出席股东大会会议并参与表决的事项有（　　）。

A. 公司合并

B. 变更公司形式

C. 累计减少公司注册资本超过30%

D. 公司解散

6. 根据法律规定，股权转让后尚未向公司登记机关办理变更登记，原股东将仍登记于其名下的股权转让、质押或者以其他方式处分的，（　　）。

A. 原股东处分股权的行为有效

B. 原股东转让股权的行为无效、质押股权的行为有效

C. 受让股东善意取得，则最终获得该股权

D. 受让股东非善意取得，则原股东处分股权的行为无效

7. 根据公司法律制度的规定，下列各项中，属于公司减少注册资本可以采取的方式有（　　）。

A. 减免股东的购股义务

B. 股东对外转让股权

C. 向股东返还出资

D. 缩减股权

8. 根据票据法律制度的规定，支票的下列记载事项中，可以由出票人授权补记的有（　　）。

A. 票据金额　　B. 出票日期

C. 收款人名称　　D. 付款人签章

9. 下列关于股票禁止转让期限的论述，正确的有（　　）。

A. 公司高管持有本公司股票的，自上市交易之日起一年内不得转让

B. 非公开发行股票的，自发行结束之日起，12 个月内不得转让；控股股东、实际控制人及其控制的企业认购的股份，36 个月内不得转让

C. 在收购行为完成后的 12 个月内不得转让，但收购人在被收购公司中拥有权益的股份在同一实际控制人控制的不同主体之间进行转让，不受前述 12 个月限制

D. 在一个上市公司中拥有权益的股份达到或者超过该公司已发行股份的 30% 的，自上述事实发生之日起一年后，每 12 个月内增持不超过该公司已发行的 2% 的股份，该增持不超过 2% 的股份锁定期为增持行为完成之日起 6 个月

10. 甲公司长期不能清偿到期债务，债权人之一的乙公司申请甲公司破产并被人民法院受理。在人民法院受理破产申请后，宣告公司破产以前，可以向人民法院申请重整申请的有（　　）。

A. 甲公司

B. 乙公司

C. 占甲公司注册资本 1/10 以上的出资人

D. 乙公司以外的其他债权人

11. 到期汇票被拒绝付款后，持票人可以行使追索权，请求被追索人支付的金额和费用有（　　）。

A. 被拒绝付款的汇票金额

B. 汇票金额自到期日起至清偿日止按银行同档次流动资金贷款利率计算的利息

C. 取得有关证明和发出通知书的费用

D. 违约金

12. 下列有关企业国有资产评估程序的表述，正确的有（　　）。

A. 委托人应当对其提供的权属证明、财务会计信息和其他资料的真实性、完整性和合法性负责

B. 资产评估机构受理标的额较小的企业国有资产评估业务，可以指定 1 名相应专业类别的评估师独立承办

C. 资产评估档案的保存期限不少于 20 年

D. 委托人或者资产评估报告使用人违反规定使用评估报告的，评估机构和评估师不承担责任

13. 根据反垄断法律制度的规定，下列各项中，属于反垄断执法机构在调查涉嫌垄断行为时可以采取的措施的有（　　）。

A. 进入有关场所进行检查

B. 冻结经营者账户

C. 复制被调查经营者的有关单证

D. 查封、扣押相关证据

14. 根据外汇管理法律制度的规定，下列各项中，纳入外债管理的有（　　）。

A. 境外发债

B. 境外借款

C. 境内机构对外担保

D. 国际融资租赁

**三、综合题**（本题型共 4 题，第 1 题 12 分，第 2 题 13 分，第 3 题 15 分，第 4 题 15 分，共 55 分）

1. 2013 年 3 月 1 日，甲房地产公司（以下简称“甲公司”）与乙建筑公司（以下简称“乙公司”）签订一份建筑工程承包合同，约定由乙公司承建甲公司开发的虹苑写字楼项目，工程价款 5 000 万元，工期 14 个月。工程将要竣工时，甲公司因资金短缺，无力继续提供约定由其提供的部分建筑材料。鉴于双方的长期合作关系，乙公司遂以自有资金 500 万元购买部分建筑材料用于该工程，工程如期完成。对于乙公司的垫资，双方未作任何约定。工程竣工验收后，甲公司支付了 3 000 万元工程款，剩余 2 000 万元工程款及乙公司垫付的 500 万元建筑材料款尚未支付。

2014 年 6 月 22 日，甲公司为投资其他房地产项目，以虹苑写字楼作抵押，向丙银行借款 2.5 亿元，同时办理了抵押登记。该借款到期后，甲公司因资金周转困难，未能全部偿还，尚欠丙银行借款本息 2 亿元。

2014 年，乙公司开始涉足房地产开发业务，并于 7 月 12 日以 2.3 亿元的价格，从丁房地产公司（以下简称“丁公司”）处受让一块建设用地使用权，用于建设东湖公寓住宅项目。乙公司在取得该块土地使用权时，向丁公司支付了 1.3 亿元土地转让金。根据双方约定，剩余 1 亿元转让金应于 2015 年 5 月 31 日前支付完毕。同时，甲公司以虹苑写字楼作抵押，为乙公司所欠丁公司的 1 亿元土地转让金提供担保，双方亦办理了抵押登记。

东湖公寓项目竣工后，因市场低迷而滞销。为缓解困境，乙公司于 2015 年 6 月 8 日，以东湖公寓作抵押，从戊银行处获得一笔借款，并办理了抵押登记。双方约定，一旦乙公司连续 3 个月不能偿还借款利息，戊银行即可行使抵押权。

2015 年 10 月 29 日，吴某以 110 万元的价格购买了东湖公寓住房一套，并一次性付清了房款。乙公司未将该房屋已设定抵押的事实告知吴某。

甲公司因不能清偿到期债务，于 2015 年 12 月 27 日被人民法院裁定进入破产程序。在申报破产债权时，乙公司就其 2 000 万元的工程余款和 500 万元的垫资款、丙银行就甲公司

尚未偿还的2亿元借款本息、丁公司就其1亿元土地转让金，均主张以虹苑写字楼拍卖所得价款全额优先受偿。虹苑写字楼拍卖所得价款为2.7亿元。

鉴于乙公司停止偿还借款利息已超过3个月，2016年3月20日，戊银行行使对东湖公寓的抵押权，申请人民法院拍卖东湖公寓。至此，吴某方知其所购商品房已被设定抵押，遂主张解除房屋买卖合同，要求乙公司返还110万元购房款并赔偿损失，要求乙公司另行支付110万元惩罚性赔偿金。

根据上述内容，分别回答下列问题：

（1）甲公司所欠乙公司的2 000万元工程余款能否从虹苑写字楼拍卖所得价款中全额优先受偿？请说明理由。

（2）甲公司所欠乙公司的500万元垫资款能否从虹苑写字楼拍卖所得价款中全额优先受偿？请说明理由。

（3）甲公司所欠丙银行的2亿元借款本息能否从虹苑写字楼拍卖所得价款中全额优先受偿？请说明理由。

（4）由甲公司担保的乙公司所欠丁公司1亿元土地转让金能否从虹苑写字楼拍卖所得价款中全额优先受偿？请说明理由。

（5）吴某是否有权解除与乙公司的商品房买卖合同？请说明理由。

（6）吴某是否有权要求乙公司返还110万元房款并赔偿损失？请说明理由。

（7）吴某是否有权要求乙公司支付110万元惩罚性赔偿金？请说明理由。

2. 2014年1月，甲、乙、丙、丁、戊共同出资设立A有限合伙企业（以下简称“A企业”），从事产业投资活动。其中，甲、乙、丙为普通合伙人，丁、戊为有限合伙人。丙负责执行合伙事务。

2014年2月，丙请丁物色一家会计师事务所，以承办本企业的审计业务。丁在合伙人会议上提议聘请自己曾任合伙人的B会计师事务所。对此，丙、戊表示同意，甲、乙则以丁是有限合伙人不应参与执行合伙事务为由表示反对。A企业的合伙协议未对聘请会计师事务所的表决办法作出约定。

2014年4月，戊又与他人共同设立从事产业投资的C有限合伙企业（以下简称“C企业”），并任执行合伙人。后因C企业开始涉足A企业的主要投资领域，甲、乙、丙认为戊违反竞业禁止义务，要求戊从A企业退出。戊以合伙协议并未对此作出约定为由予以拒绝。

2014年5月，戊以其在A企业中的财产份额出质向庚借款200万元，但未告知A企业的其他合伙人。2014年12月，因戊投资连续失败，其个人财产损失殆尽，无力偿还所欠庚的到期借款。经评估，戊在A企业中的财产份额价值150万元。庚因欠A企业50万元到期债务，遂自行以该笔债务抵销戊所欠其借款50万元，并同时向A企业提出就戊在A企业中的财产份额行使质权。对于庚的抵销行为与行使质权之主张，A企业其他合伙人均表反对。

根据以上资料和有关法律、法规的规定，回答下列问题：

（1）甲、乙反对丁提议B会计师事务所承办A企业审计业务的理由是否成立？请说明理由。

（2）在甲、乙反对，其他合伙人同意的情况下，丁关于聘请B会计师事务所承办A企业审计业务的提议能否通过？请说明理由。

（3）甲、乙、丙关于戊违反竞业禁止义务的主张是否成立？请说明理由。

（4）庚能否以其对戊的债权抵销所欠A企业的债务？请说明理由。

（5）戊以其在A企业中的财产份额向庚出质的行为是否有效？请说明理由。

（6）庚是否有权请求人民法院强制执行戊在A企业中的财产份额？请说明理由。

（7）如果今后有外国自然人要求加入A企业，并且用人民币作为出资，是否符合我国法律规定？请说明理由。

（8）如果今后甲变更为有限合伙人，丁变更为普通合伙人，他们对变更前的A企业债务分别承担何种责任？请说明理由。

3. 甲有限责任公司（以下简称“甲公司”）由A、B、C三个股东投资，于2011年3月依法登记成立，注册资本为150万元。由于公司股东人数较少，规模不大，公司决定不设立董事会，由出资最多的B股东担任执行董事并担任公司法定代表人。

在甲公司设立过程中，因A为某单位负责人，不愿意在公司登记文件中出现，于是与李某签订书面协议，由李某作为名义股东设立公司，由A实际出资并享有股东权益。但其后在甲公司经营过程中，A与李某经常因投资权益的归属发生争议。李某强调公司股东名册和公司登记机关记载登记的都是李某为股东，因此A不能享有出资人权利，只能接受李某对其偿还投资借款本金和利息。A则强调自己与李某有约在先，李只是名义股东，自己已经履行了出资人义务，请求公司变更股东并办理公司变更登记手续。后通过诉讼程序，才理清了上述股东权益争议，并依法办理了公司变更股东的登记手续。

2013年6月，B股东拟将其部分股权转让给D，对此A股东投反对票，C股东同意。因此B将其股权转让给了D。

经过一段时间经营后，甲公司经济效益非常好，资产规模大幅度扩大，因此设立了董事会。

2014年3月，为了扩大生产规模，公司董事会制定了一个增加公司注册资本的方案，报经公司股东会讨论通过。该增资方案内容之一是B以一项专利权作价认缴出资。在实施过程中，B先将该专利权交付公司使用，但未办理权属变更登记手续，后经法院催告才办理该手续。

2017年2月初，某日本有限责任公司与甲公司洽商，准备通过认购增资的方式并购甲公司设立一家汽车维修的中外合资经营企业。

2017年初，甲公司拟赴一受联合国制裁的国家投资一矿产资源开发项目，投资额为4 500万美元。

根据以上资料和有关法律、法规的规定，回答下列问题：

（1）甲公司不设立董事会的决定是否符合法律规定？请说明理由。

（2）在A与李某的股东权益争议中，谁能享有股东权益？A能否请求公司变更股东并办理公司变更登记手续？请分别说明理由。

（3）甲公司B股东将其股权转让给D的程序是否合法？请说明理由。

（4）甲公司股东会通过增加公司注册资本决议的表决程序应遵循《公司法》的何种规定？

（5）B认购增资部分的出资从何时开始享有股东权益？请说明理由。

（6）日本公司并购甲公司后设立中外合资企业是否一定要经过审批机关批准？请说明

理由。

（7）如果日本公司并购甲公司的合同发生争议，应当适用何国的法律？请说明理由。

（8）甲公司赴海外投资应履行哪些手续？请说明理由。

4. 耀华公司为A股上市公司，股本总额为2亿股。2017年5月22日，耀华公司召开临时股东大会，审议通过了《非公开发行股票议案》。该议案确定本次非公开发行对象为公司股东五菱公司、宝华公司与元朗公司。股票发行数量不超过5 000万股。五菱公司认购4 000万股，宝华公司和元朗公司各认购500万股，发行价格为7.5元/股。协议签订前，五菱公司持有耀华公司的股份比例为28%；宝华公司和元朗公司签有一致行动人协议，合计持股比例10%；耀华公司董事、监事及高级管理人员合计持股比例为12%。宝华公司和元朗公司承诺在此次非公开发行实施完毕前，不以任何形式增持耀华公司股份。5月26日，耀华公司与三位股东正式签订非公开发行股票认购协议。之后发生如下事件：

（1）自2017年6月起，宝华公司旗下管理的基金账户通过场内交易增持耀华公司股份。截至2017年12月8日，宝华公司和元朗公司合计持股比例达到29%。对此耀华公司董事会认为，如仍按前述非公开发行股票议案增资扩股，将导致公司的股份分布不符合法律规定，于是决定调整非公开发行方案。12月16日，耀华公司发布公告称，中国证监会已同意公司暂停非公开发行股票的申请。

（2）鉴于宝华公司和元朗公司的失信行为，耀华公司董事会决定不再将其作为本次非公开发行的认购对象。之后，耀华公司董事会与五菱公司协商达成如下意见：调整股票发行数量为3 000万股，由五菱公司全额认购。因五菱公司认购后，所持耀华公司的股份比例将超过30%，会触发强制要约收购义务，为避免触发强制要约收购，五菱公司承诺3年内不转让本次非公开发行的股票。根据以上意见，2018年2月1日，耀华公司董事会审议通过《关于调整非公开发行股票发行对象、发行数量及募集资金数额的议案》（以下简称“议案1”）。次日，耀华公司发布公告：公司将于2月19日召开临时股东大会审议议案1，五菱公司、宝华公司和元朗公司应当对议案1表决予以回避。2018年2月5日，宝华公司和元朗公司向耀华公司董事会提交《关于调整非公开发行股票方案的议案》（以下简称“议案2”），提议宝华公司和元朗公司全额认购拟非公开发行的3 000万股。同时，对上述关于回避表决的要求提出异议。

（3）2018年2月19日，宝华公司和元朗公司参加临时股东大会并进行表决，对议案1投了反对票，对议案2投了赞成票。议案2获得出席股东大会的股东所持表决权过半数通过，议案1未获通过。五菱公司未参与此次股东大会表决，但在会后向董事会提出质疑：宝华公司和元朗公司无权提出临时提案，更无权参与此次股东大会并对议案1和议案2进行表决。

（4）五菱公司认为，关联股东未回避表决属于股东大会决议撤销之诉的事由，故而于2018年4月29日向法院提起诉讼，请求撤销2月19日耀华公司临时股东大会对议案2的决议。

要求：根据上述内容，分别回答下列问题。

（1）根据资料（1），宝华公司通过场内交易增持后，如继续按非公开发行股票议案增资扩股是否导致耀华公司的股份分布不符合《证券法》的规定？并说明理由。

（2）根据资料（2），五菱公司承诺3年内不转让本次非公开发行的股票是否构成豁免强制要约收购的事由？是否需要向中国证监会申请豁免？说明理由。

（3）根据资料（3），五菱公司认为，宝华公司和元朗公司无权提出临时提案，更无权参与此次股东大会并对议案1和议案2进行表决，其质疑是否符合证券法律制度的规定？并分别说明理由。

（4）根据资料（4），五菱公司提起股东大会决议撤销之诉的日期是否符合公司法律制度的规定？并说明理由。

# 2020年注册会计师全国统一考试
# 《经济法》全真模拟试题（六）
# 参考答案及解析

## 一、单项选择题

1. 答案：D

解析：确定性规范是内容已经完备明确，无须再援引或参照其他规范来确定其内容的法律规范。选项C是委任性规范，选项A、B是准用性规范。

2. 答案：C

解析：《合同法》规定，涉外货物买卖合同的诉讼时效期间为4年。

3. 答案：D

解析：D选项，质物折价或者拍卖、变卖后，其价款超过债权数额的部分归出质人所有，不足部分由债务人清偿。

4. 答案：D

解析：本题考核抵押权的设立。以建筑物和其他土地附着物，建设用地使用权，以招标、拍卖、公开协商等方式取得的荒地等土地承包经营权，正在建造的建筑物抵押的，应当办理抵押登记。抵押权自登记时设立。

5. 答案：D

解析：合同有效成立后至履行期限届满前，当事人一方以自己的行为表明不履行主要债务的，另一方当事人可以解除合同。

6. 答案：B

解析：《合同法》规定，租赁期限不得超过20年。超过20年的，超过部分无效。

7. 答案：C

解析：本题考核技术开发合同技术成果的权利归属，合作开发完成的发明创造，除当事人另有约定的以外，申请专利的权利属于合作开发的当事人共有。

8. 答案：A

解析：本题考核点为合伙企业的损益分配。根据规定，合伙协议未约定合伙损益分配比例的，由各合伙人平均分配和分担。

9. 答案：B

解析：如果从票面来看，对于这三种事项（收款人名称、出票日期、金额）的变更难以通过查看票面而发现，则票据的效力不受影响，而适用关于变造的规定。

10. 答案：D

解析：本题考核有限责任公司股东会的会议规则。代表 1/10 以上表决权的股东、1/3 以上的董事、监事会或者不设监事会的公司的监事提议召开临时会议的，应当召开临时会议。

11. 答案：D

解析：《公司法》规定，用法定公积金转增资本时，转增后所留存的该项公积金不得少于转增前公司注册资本的 25%。

12. 答案：C

解析：公司经营管理发生严重困难，继续存续会使股东利益受到重大损失，通过其他途径不能解决的，持有公司全部股东表决权 10% 以上的股东，可以请求人民法院解散公司。

13. 答案：A

解析：选项 B，特定对象的范围包括下列机构或者自然人：（1）公司股东。（2）公司的董事、监事、高级管理人员、核心员工。（3）符合投资者适当性管理规定的自然人投资者、法人投资者及其他经济组织。公司确定发行对象时，符合第（2）项、第（3）项规定的投资者合计不得超过 35 名。选项 C，自中国证监会予以核准之日起，公司应当在 3 个月内首期发行，剩余数量应当在 12 个月内发行完毕。首期发行数量应当不少于总发行数量的 50%。选项 D，非上市公众公司向特定对象发行股票后股东累计不超过 200 人的，豁免向中国证监会申请核准，但发行对象应当符合对特定对象范围的规定，并在每次发行后 5 个工作日内将发行情况报中国证监会备案。

14. 答案：D

解析：法律规定，合格投资者应当具备相应的风险识别和承担能力，知悉并自行承担公司债券的投资风险，并符合下列资质条件：（1）经有关金融监管部门批准设立的金融机构，包括证券公司、基金管理公司及其子公司……（3）净资产不低于人民币 1 000 万元的企事业单位法人、合伙企业……（5）社会保障基金、企业年金等养老基金，慈善基金等社会公益基金；（6）名下金融资产不低于人民币 300 万元的个人投资者……

15. 答案：A

解析：选项 B，根据《证券法》的修改，证券发行均为注册制。选项 C，公司债券的期限为 1 年以上。选项 D，公司债券的发行价格由发行人与保荐人通过市场询价确定。

16. 答案：A

解析：法律规定，管理人有权对法院受理破产申请前 1 年内债务人的下列行为请求撤销：（1）无偿转让财产的；（2）以明显不合理的价格进行交易的；（3）对没有财产担保的债务追加财产担保的；（4）对未到期的债务提前清偿的；（5）放弃债权的。

17. 答案：A

解析：人民法院决定是否受理企业破产的申请。

18. 答案：B

解析：本题考核支票的付款。支票属见票即付的票据，因而没有到期日的规定。支票的出票日实质上就是到期日。我国《票据法》规定："支票限于见票即付，不得另行记载付款日期。另行记载付款日期的，该记载无效。"

19. 答案：B

解析：在托收承付办理过程中，付款人累计3次向收款人提出无理拒付的，付款人开户银行应暂停其向外办理托收。

20. 答案：B

解析：法律规定，国内信用证的有效期最长不得超过6个月。

21. 答案：D

解析：国有股东协议转让上市公司股份的价格应当以上市公司股份转让信息公告日（经批准无须公开股份转让信息的，以股份转让协议签署日为准）前30个交易日的每日加权平均价格算术平均值为基础确定；确需折价的，其最低价格不得低于该算术平均值的90%。

22. 答案：A

解析：法律规定，新设金融类企业应当于办理工商注册登记前30个工作日内向主管财政部门申办产权占有登记，故选项A错误。

23. 答案：D

解析：本题考核《反垄断法》所禁止的滥用行政权力排除、限制竞争行为。选项A，属于地区封锁；选项B，属于排斥或限制外地经营者参与本地招标投标；选项C，属于抽象行政性垄断行为。

24. 答案：D

解析：国家对外国投资者的投资不实行征收。在特殊情况下，国家为了公共利益的需要依照法律规定对外国投资者的投资实行征收的，应当依照法定程序、以非歧视性的方式进行，并按照被征收投资的市场价值及时给予补偿。

## 二、多项选择题

1. 答案：ABC

解析：本题构成表见代理，相对人可以主张狭义无权代理，也可以主张其为表见代理。在主张表见代理时，被代理人不得以无权代理作为抗辩事由，主张代理行为无效。

2. 答案：BC

解析：根据《合同法》的规定，分期付款的买受人未支付到期价款的金额达到全部价款的1/5的，出卖人可以要求买受人一并支付到期与未到期的全部价款或者解除合同。

3. 答案：ABCD

解析：本题考核商品房买卖合同解除的惩罚性赔偿。本题中的四个选项均属于需要赔偿的情形。

4. 答案：CD

解析：法律规定，出借人以向本单位职工集资取得的资金又转贷给借款人牟利，且借款人事先知道或者应当知道的，该民间借贷合同无效，故选项A错；出借人的借贷行为被已经生效的判决认定构成犯罪，当事人提起民事诉讼的，民间借贷合同并不当然无效，人民法院应当根据民间借贷的规则认定该合同的效力，故选项B错。

5. 答案：ABD

解析：除以下情况外，优先股股东不出席股东大会会议，所持股份没有表决权：（1）修改公司章程中与优先股相关的内容；（2）一次或累计减少公司注册资本超过10%；（3）公司合并、分立、解散或变更公司形式；（4）发行优先股；（5）公司章程规定的其他情形。

6. 答案：CD

解析：法律规定，股权转让后尚未向公司登记机关办理变更登记，原股东将仍登记于其名下的股权转让、质押或者以其他方式处分的，受让股东善意取得则最终获得该股权；否则，原股东处分股权的行为无效。

7. 答案：ACD

解析：公司可以采取以下方式实施减资：返还出资或股款，减免出资或购股义务，缩减股权或股份。

8. 答案：AB

解析：支票上的金额与收款人名称可以由出票人授权补记。

9. 答案：ABCD

解析：本题的4个选项均正确。

10. 答案：ACD

解析：法律规定，债权人申请对债务人进行破产清算的，在人民法院受理破产申请后、宣告债务人破产前，债务人或者出资额占债务人注册资本1/10以上的出资人，可以向人民法院申请重整。其他债权人也可以申请对债务人进行重整。

11. 答案：ABC

解析：当事人可就合同债权债务的履行要求支付违约金，但票据关系与其基础关系相分离。

12. 答案：AD

解析：选项B，资产评估机构受理企业国有资产评估业务后，应当指定至少2名相应专业类别的评估师承办。选项C，资产评估档案的保存期限不少于30年。

13. 答案：ACD

解析：选项A、C、D，反垄断执法机构调查涉嫌垄断行为，可以采取下列措施：（1）进入被调查的经营者的营业场所或者其他有关场所进行检查；（2）询问被调查的经营者、利害关系人或者其他有关单位或者个人，要求其说明有关情况；（3）查阅、复制被调查的经营者、利害关系人或者其他有关单位或者个人的有关单证、协议、会计账簿、业务函电、电子数据等文件和资料；（4）查封、扣押相关证据；（5）查询经营者的银行账户。选项B，反垄断执法机构调查措施不包括“冻结账户”。

14. 答案：ABCD

解析：外债包括境外借款、发行债券、国际融资租赁。境内机构对外担保形成的潜在外债偿还义务，是一种或有外债，也纳入外债管理。

## 三、综合题

1. 答案：

(1) 甲公司所欠乙公司的2 000万元工程余款不能从虹苑写字楼拍卖所得价款中全额优先受偿。(或答：甲公司所欠乙公司的2 000万元工程余款不具有优先受偿权。)

根据合同法律制度的规定，建筑工程款就该工程折价或拍卖的价款优于抵押权和其他债权优先受偿。但是，该优先受偿权须在建设工程竣工之日或约定竣工之日起6个月内行使。乙公司主张优先受偿时，距竣工之日已超过1年，故不再享有优先权。

(2) 甲公司所欠乙公司的500万元垫资款不能从虹苑写字楼拍卖所得价款中全额优先受偿。(或答：甲公司所欠乙公司的500万元工程垫资款不具有优先受偿权。)

根据合同法律制度的规定，承包人的工程垫资，若当事人没有约定，按照工程欠款处理，可就该工程折价或拍卖的价款优于抵押权和其他债权优先受偿。但乙公司主张权利时，距竣工之日已超过1年，故不再享有优先权。

(3) 甲公司所欠丙银行的2亿元借款本息能够从虹苑写字楼拍卖所得价款中全额优先受偿。

根据破产法律制度的规定，有抵押担保的债权人有权就抵押物的拍卖所得优先于普通破产债权人受偿。根据物权法律制度的规定，同一物上并存数个抵押权的，登记在先的抵押权优先于登记在后的抵押权得到清偿。丙银行的抵押权顺位先于丁公司的抵押权，故应从拍卖款中优先得到全部2亿元的清偿。

(4) 乙公司所欠丁公司的1亿元土地使用权转让金不能从虹苑写字楼拍卖所得价款中全额优先受偿，只能部分优先受偿。

根据破产法律制度的规定，有抵押担保的债权人有权就抵押物的拍卖所得优先于普通破产债权人受偿。根据物权法律制度的规定，丁公司的抵押权顺位低于丙银行（或答：丙银行的优先受偿权顺位在前），故应在丙银行的债权得到满足后，就剩余拍卖款优先受偿。拍卖款为2.7亿元，全额偿还丙银行的2亿元后，剩下7 000万元用于优先清偿丁公司的土地使用权转让金。

(5) 吴某有权解除与乙公司的商品房买卖合同。

根据合同法律制度的规定，若出卖人故意隐瞒所售房屋已经抵押的事实，买受人有权解除合同。

(6) 吴某有权要求乙公司返还110万元房款并赔偿损失。

根据合同法律制度的规定，合同解除后，当事人有权要求恢复原状，并有权要求造成损失一方赔偿损失。乙公司恢复原状的方式即是返还购房款。

(7) 吴某有权要求乙公司支付110万元惩罚性赔偿金。

根据合同法律制度的规定，若出卖人故意隐瞒所售房屋已经抵押的事实，买受人可以在解除合同并赔偿损失的前提下，要求出卖人承担不超过已付房款1倍的惩罚性赔偿金。吴某已支付全部房款，故可要求乙公司支付110万元惩罚性赔偿金。

2. 答案：

(1) 甲、乙反对丁提议B会计师事务所承办A企业审计业务的理由不成立。

法律规定，有限合伙人参与选择承办本企业审计业务的会计师事务所，不视为执行合伙事务。

（2）在甲、乙反对，其他合伙人同意的情况下，丁关于聘请B会计师事务所承办A企业审计业务的提议能够通过。

法律规定，合伙协议未约定表决办法的，一般决议实行合伙人一人一票并经全体合伙人过半数通过的表决办法。A企业的合伙协议没有约定表决办法，聘请会计师事务所属于一般决议，丙、丁、戊合计超过全体合伙人的半数，故丁的提议可以通过。

（3）甲、乙、丙关于戊违反竞业禁止义务的主张不成立。

法律规定，除非合伙协议另有约定，有限合伙人可以自营或者同他人合作经营与本有限合伙企业相竞争的业务。

（4）庚不能以其对戊的债权抵销所欠A企业的债务。

法律规定，合伙人发生与合伙企业无关的债务，相关债权人不得以其债权抵销对合伙企业的债务。

（5）戊的出质行为有效。

根据合伙企业法律制度的规定，除非合伙协议另有约定，有限合伙人可以将其在有限合伙企业中的财产份额出质。

（6）庚有权请求人民法院强制执行戊在A企业中的财产份额。

法律规定，当合伙人的自有财产不足清偿其与合伙企业无关的债务时，债权人可以请求人民法院强制执行该合伙人在合伙企业中的财产份额用于清偿。因戊的自有财产不足以偿还所欠庚的到期借款，故庚有权请求人民法院强制执行戊在A企业中的财产份额。

（7）外国自然人加入A企业，并以人民币作为出资合法。

我国合伙企业法律制度规定，外国企业或者个人与中国的自然人、法人和其他组织可以在中国境内设立外商投资的合伙企业。外国企业或者个人用于出资的货币应当是可自由兑换的外币，也可以是依法获得的人民币。

（8）如果今后甲和丁的合伙人性质变更，他们对变更前的A企业债务都要承担连带责任。

法律规定，普通合伙人转变为有限合伙人，或者有限合伙人转变为普通合伙人，都应当对转变前的债务承担无限连带责任。

3. 答案：

（1）甲公司不设立董事会的决定符合法律规定。

根据规定，股东人数较少或者规模较小的有限责任公司，可以设1名执行董事，不设立董事会。

（2）①在A与李某的股东权益争议中，A能享有股东权益。

因为法律规定，有限责任公司的实际出资人与名义出资人订立合同，约定由实际出资人出资并享有投资权益，以名义出资人为名义股东的，该合同有效；实际出资人履行出资义务的，享有投资权益。

②A可以请求公司变更股东并办理公司变更登记手续，但必须经过其他股东半数以上同意。

法律规定，实际出资人未经公司其他股东半数以上同意，请求公司变更股东、签发出资证明书、记载于股东名册、记载于公司章程并办理公司登记机关登记的，人民法院不予支持。

（3）B 股东将其股权转让给 D 的程序不合法。

《公司法》规定，有限责任公司股东对外转让股份的，须经其他股东过半数同意。

（4）根据《公司法》的规定，甲公司股东会通过增加公司注册资本的决议必须经代表 2/3 以上表决权的股东通过。

（5）B 认购增资部分的出资从将专利权交付公司使用时开始享有股东权益。

法律规定，出资人以需要办理权属登记的知识产权出资，已经交付公司使用但未办理权属变更手续，在法院指定的合理期间内办理权属变更手续的，出资人主张自其实际交付财产给公司使用时享有相应股东权利的，人民法院应予支持。

（6）日本公司并购甲公司后设立中外合资企业不一定要经过审批机关批准。

法律规定，举办外商投资企业不涉及国家规定实施准入特别管理措施的，适用备案管理。

（7）如果中外双方因设立问题发生争议，应当适用我国的法律。

法律规定，外国自然人、法人或者其他组织认购中国领域内的非外商投资有限责任公司或者股份有限公司增资的合同，专属适用中国法律。

（8）我国法律规定，企业境外投资涉及敏感国家（受联合国制裁的国家、未与我国建立外交关系的国家）和地区、敏感行业的，实行核准管理；不分限额地由国家发改委核准。其中，中方投资额 20 亿美元及以上，并涉及敏感国家和地区、敏感行业的境外投资项目，由国家发改委提出审核意见报国务院核准。故甲公司的赴海外投资项目应由国家发改委核准。

4. 答案：

（1）宝华公司通过场内交易增持后，如继续按非公开发行股票议案增资扩股会导致耀华公司的股份分布不符合《证券法》的规定。

根据规定，上市条件中股权分布比例规定是：公开发行的股份达到公司股份总数的 25% 以上；公司股本总额超过人民币 4 亿元的，公开发行股份的比例为 10% 以上。本案中，耀华公司股本总额未超过 4 亿元，公开发行比例应当达到公司股份总数的 25% 以上。定向增发后，各方的持股比例为：五菱公司 38.4%（2 亿股 ×28% +0.4 亿股 =0.96 亿股；0.96 亿/2.5 亿 ×100% =38.4%）；宝华公司和元朗公司 27.2%（2 亿股 ×29% +0.1 亿股 =0.68 亿股；0.68 亿/2.5 亿 ×100% =27.2%），耀华公司董事、监事、高级管理人员增发前持股比例为 12%，增发后持股比例为 9.6%（2 亿股 ×12%/2.5 亿股 ×100% =9.6%），合计持股比例 75.2%，即公开发行比例不足 25%，所以宝华公司通过场内交易增持后，如继续按非公开发行股票议案增资扩股会导致耀华公司的股份分布不符合上市条件。

（2）五菱公司承诺 3 年内不转让本次非公开发行的股票构成豁免强制要约收购的事由。其豁免程序需要经过股东大会非关联股东审议即可，无需向中国证监会申请豁免。

根据规定，经上市公司股东大会非关联股东批准，投资者取得上市公司向其发行的新股，导致其在该公司拥有权益的股份超过该公司已发行股份的 30%，投资者承诺 3 年内不转让本次向其发行的新股，且公司股东大会同意投资者免于发出要约；则可以免于申请，直接向证券交易所和证券登记结算机构申请办理股份转让和过户登记手续。

（3）①五菱公司质疑宝华公司和元朗公司无权提出临时提案的观点不符合规定。

根据规定，单独或者合计持有公司 3% 以上股份的股东，可以在股东大会召开 10 日前提出临时提案并书面提交董事会；董事会应当在收到提案后 2 日内通知其他股东，并将该临时提案提交股东大会审议。本案中，宝华公司、元朗公司持股比例 29%，2 月 5 日提交临时议案满足在股东大会召开 10 日前提出临时提案。

②五菱公司认为宝华公司和元朗公司无权参与此次股东大会对议案 1 进行表决的观点不符合法律规定。

根据规定，股东大会就发行事项作出决议，必须经出席会议的股东所持表决权的 2/3 以上通过。向本公司特定的股东及其关联人发行的，股东大会就发行方案进行表决时，关联股东应当回避。本案中，议案 1 是向股东五菱公司发行，不涉及宝华公司和元朗公司，所以宝华公司和元朗公司参与此次股东大会对议案 1 进行表决符合法律规定。

③五菱公司认为宝华公司和元朗公司无权参与此次股东大会对议案 2 进行表决的观点符合法律规定。

根据规定，股东大会就非公开发行股票作出的决定，涉及关联股东的，应当回避表决。关联股东是指董事会决议已确定为本次发行对象的股东及其关联人。题目中，议案 2 是向股东宝华公司、元朗公司发行，因此宝华公司、元朗公司无权参与此次股东大会对议案 2 进行的表决。

（4）五菱公司提起股东大会决议撤销之诉的日期不符合法定期间的要求。

根据规定，股东会或者股东大会、董事会的会议召集程序、表决方式违反法律、行政法规或者公司章程，或者决议内容违反公司章程的，股东可以自决议作出之日起 60 日内，请求人民法院撤销。本案中，决议作出之日是 2 月 19 日，请求撤销之日是 4 月 29 日，超过了 60 日的法定期间要求。

# 2020年注册会计师全国统一考试《经济法》全真模拟试题（七）

**一、单项选择题**（本题型共24题，每题1分，共24分。每题只有一个正确答案，请从每题的备选答案中选出一个你认为正确的答案）

1. 下列各项中，（　　）不属于能够导致一定法律关系的产生、变更和消灭的事件。

A. 签订合同的法律行为　　B. 自然人的出生与死亡

C. 地震灾害　　D. 时间的经过

2. 当事人可以自由选择一种形式即可成立的法律行为，称为（　　）。

A. 要式法律行为　　B. 不要式法律行为

C. 诺成法律行为　　D. 双方法律行为

3. 甲、乙为多年同窗，他们一起买了一套住房。关于他们之间的关系的下列论述，（　　）是正确的。

A. 如果没有约定，甲、乙对于房屋是共同共有关系

B. 该房屋出租后，因年久失修山墙倒塌，砸毁承租人丙的汽车，甲、乙各按50%的比例承担赔偿责任

C. 甲要出让其在房屋中的份额，但未通知乙，而且无法确定乙是否知道或者应当知道最终确定的同等条件的，乙行使优先受偿权的期限为甲的份额权属转移之日起6个月

D. 如果乙的优先购买权受到侵害，可以请求认定甲的共有份额转让合同无效

4. 要约人发出要约后，可以撤销要约，但撤销要约的通知应当在（　　）到达受要约人。

A. 要约到达受要约人之前　　B. 要约到达受要约人的同时

C. 受要约人发出承诺通知之前　　D. 受要约人发出承诺通知之时

5. 甲向乙借款5万元，还款期限6个月，丙作保证人，约定丙承担保证责任直至甲向乙还清本息为止。丙的保证责任期间为（　　）。

A. 主债务履行期届满之日起6个月　　B. 借款发生之日起2年

C. 借款发生之日起6个月　　D. 主债务履行期届满之日起2年

6. 债务人将合同标的物提存后，债权人领取提存物的权利，自提存之日起一定期限内不行使则消灭，提存物扣除提存费用后归国家所有。该期限是（　　）。

A. 1年　B. 2年

C. 3年　D. 5年

7. 甲、乙两公司于9月10日签订一份加工合同，合同约定乙公司于12月10日前完成为甲公司加工一批专用机器配件的任务。为保证合同的履行，他们同时约定了定金条款。9月12日，甲公司将机器配件的毛坯交给乙公司，9月15日甲公司将定金汇到乙公司的账户。定金合同的生效日期是（　）。

A. 9月10日　B. 9月12日

C. 9月15日　D. 12月10日

8. 甲想加入乙、丙为合伙人的普通合伙企业，下列各项中，不属于甲在入伙时必须满足的条件是（　）。

A. 乙、丙一致同意，并与甲签订书面入伙协议

B. 乙、丙向甲告知合伙企业的经营和财务状况

C. 甲应当向乙、丙说明自己的个人负债情况

D. 甲应当停止其已经从事的与该合伙企业相竞争的业务活动

9. 根据《合伙企业法》的规定，合伙协议未约定合伙利润分配和亏损分担比例的，经合伙人协商不成的，合伙人之间分配利润和分担亏损的原则是（　）。

A. 按各合伙人的实缴出资比例分配和分担

B. 按各合伙人贡献大小分配和分担

C. 在全体合伙人之间平均分配和分担

D. 由各合伙人协商决定如何分配和分担

10. 根据《公司法》的规定，有限责任公司的股东不得再抽回其投资的情况是（　）。

A. 缴纳出资后　B. 经法定验资机构验资后

C. 提出公司设立登记申请后　D. 公司登记后

11. 我国《公司法》对股份有限公司发起人住所地的规定是（　）。

A. 2/3以上发起人在中国境内有住所

B. 发起人在公司住所地有住所

C. 过半数发起人在中国境内有住所

D. 半数以上发起人在中国境内有住所

12. 上市公司董事与董事会会议决议事项所涉及的企业有关联关系的，不得对该项决议行使表决权，也不得代理其他董事行使表决权。该董事会会议由（　）的无关联关系董事出席即可举行，董事会会议所作决议须经无关联关系董事（　）通过。

A. 过半数　过半数　B. 半数以上　半数以上

C. 半数以上　过半数　D. 过半数　半数以上

13. 根据法律规定，下列关于非上市公众公司股票转让的论述，错误的是（　）。

A. 非上市公众公司申请股票公开转让的，应当向中国证监会申请核准

B. 未在全国中小企业股份转让系统挂牌的非上市公众公司，应当明确信息披露方式，选择在非上市公众公司信息披露网站、公司网站及其他公众媒体披露股份变更、定期报告等信息，同时报中国证监会派出机构存档

C. 未在全国中小企业股份转让系统挂牌的非上市公众公司，应当选择在中国证券登记结算有限责任公司、证券公司或者符合规定的区域性股权市场或托管机构登记托管股份

D. 未在全国中小企业股份转让系统挂牌的非上市公众公司，不得采用公开方式向社会公众转让股份，也不得在未经国务院批准的证券交易场所转让股份，未经批准不得擅自发行股票

14. 根据法律规定，下列关于股票公开发行方式的论述，错误的是（　　）。

A. 首次公开发行股票，应安排不低于本次网下发行股票数量的40%优先向公募基金和社保基金配售

B. 首次公开发行股票，持有一定数量非限售股份的投资者才能参与网上申购

C. 首次公开发行股票的网下发行应和网上发行同时进行，投资者应自行选择参与网下、网上发行或同时参与

D. 网上投资者连续12个月内累计出现3次中签后未足额缴款的情形时，6个月内不得参与新股申购

15. 下列关于破产申请受理的论述，错误的是（　　）。

A. 债权人提出破产申请的，人民法院应当自收到申请之日起5日内通知债务人

B. 破产案件的诉讼费用，从债务人财产中拨付

C. 债务人能否提交财产状况说明、债权债务清册等相关材料，不影响法院对债权人申请债务人破产的受理，债权人申请动机不纯和债务人存在逃债行为也不是拒绝受理案件的理由

D. 由于债务人财产的市场价值发生变化，导致其在案件受理后破产原因消失的，人民法院裁定驳回破产申请

16. 某企业在人民法院受理其破产案件前6个月至破产宣告之日的期限内，非正常压价出售其所有的一栋办公楼，直至破产程序终结也未被发现。对该企业这一行为的处理，表述正确的选项是（　　）。

A. 人民法院应当追回该财产，再依《破产法》有关规定处理

B. 人民法院不能依职权追回该财产，除非债权人提出请求

C. 这一行为在破产程序终结之日起1年内被发现的，由人民法院追回财产，按《破产法》有关规定处理

D. 人民法院应当追回该财产，并且予以没收，上缴国库

17. 根据法律规定，下列关于破产清算的论述，错误的是（　　）。

A. 破产人的被担保人的债权人未能完全受偿或放弃优先受偿权的，其债权不作为普通债权，只能向主债务人求偿

B. 土地使用权出让金在划拨土地使用权的拍卖款中具有特别优先权

C. 破产企业的董事、监事和高级管理人员的工资按照该企业职工的平均工资计算

D. 破产案件受理后因欠缴税款产生的滞纳金属于普通债权，不享有与欠缴税款相同的优先受偿权

18. 根据支付结算法律制度的规定，临时存款账户的有效期最长不得超过（　　）年。

A. 1　　　　B. 2

C. 3　　　　D. 5

19. 如果收款人或持票人将出票人禁止背书的汇票转让，在汇票不获承兑时，下列有关出票人票据责任的表述，正确的是（　）。

A. 出票人不负任何票据责任

B. 出票人仍须对善意持票人负偿还票款的责任

C. 出票人与背书人对善意持票人负偿还票款连带责任

D. 出票人与背书人、持票人共同负责

20. 在托收承付结算方式中，验货付款的承付期为10天，从（　　）的次日等起。在第10天付款人不通知银行的，银行即视同已验货，于10天期满的次日上午银行开始营业时，将款项划给收款人。

A. 合同约定的付款日

B. 收款人向付款人发出付款通知

C. 运输部门向付款人发出提货通知

D. 付款人收到提货通知

21. 根据国有资产管理法律制度的规定，国有企业实施改制时应当明确企业与职工的相关责任。下列有关国有企业改制时企业与职工关系问题的表述中，不正确的是（　　）。

A. 改制企业应当制订职工安置方案，职工安置方案须经职工代表大会或职工大会审议通过

B. 企业实施改制时，必须向职工公布企业主要财务指标的财务审计、资产评估结果

C. 对企业改制时解除劳动合同且不再继续留用的职工，应当支付经济补偿金

D. 企业改制时，对确认的拖欠职工工资、医疗费等，经双方协商可以分期支付

22. 金融企业发生下列情形，可以不进行资产评估的是（　　）。

A. 非上市金融企业国有股东股权比例变动的

B. 债权转股权的

C. 上市公司可流通的股权转让的

D. 收购非国有单位资产的

23. 经有关部门测定，某地区的化学产品市场份额为100亿元，甲化学产品生产公司在该地区的市场占有份额达到一定数量标准后会被推定为具有市场支配地位，此数额标准为（　　）亿元。

A. 10　　B. 50

C. 60　　D. 25

24. 国家对个人结汇和境内个人购汇实行年度总额管理，年度总额分别为每人每年等值（　　）。

A. 5万美元　　B. 2万美元和3万美元

C. 1万美元和2万美元　　D. 3万美元和5万美元

## 二、多项选择题（本题型共14题，每题1.5分，共21分。每题均有多个正确答案，请从每题的备选答案中选出你认为正确的所有答案。不答、错答、漏答均不得分）

1. 下列各项中，能够引起诉讼时效期间中断的法定事由包括（　　）。

A. 提起诉讼或者申请仲裁　　B. 不可抗力

C. 义务人同意履行义务　　　　　　D. 诉讼时效期间届满，法院决定延长

2. 根据物权法律制度的规定，下列论述，正确的有（　　）。

A. 建设用地使用权以登记为生效条件

B. 地役权以登记为生效条件

C. 土地的转移登记合并于土地变更登记之中

D. 房屋登记分设转移登记和变更登记

3. 根据法律规定，下列关于保证担保的论述，正确的有（　　）。

A. 保证期间，债权人依法将债权出让，未经保证人书面同意的，保证人不承担保证责任

B. 保证合同约定保证人承担保证责任直至主债务本息还清时为止等类似内容的，视为约定不明，保证期间为主债务履行期届满之日起 2 年

C. 保证的诉讼时效从债权人在保证期间内主张权利之日开始计算

D. 一般保证的债权人向债务人和保证人一并提起诉讼的，法院应当拒绝将债务人和保证人列为共同被告，因为一般保证人享有先诉抗辩权

4. 在下列选项中，出卖人应承担标的物毁损、灭失风险的有（　　）。

A. 合同约定卖方代办托运，出卖人已将标的物发运，即将到达约定的交付地点

B. 买受人下落不明，出卖人将标的物提存

C. 标的物已运抵交付地点，买受人因标的物质量不合格而拒收货物

D. 合同约定在标的物所在地交货，约定时间已过，买受人仍未前往提货

5. 甲为普通合伙企业的合伙人，乙为甲个人债务的债权人，当甲的个人财产不足以清偿乙的债务时，根据合伙企业法律制度的规定，乙不可以进行的行为有（　　）。

A. 代位行使甲在合伙企业中的权利

B. 以甲从合伙企业中分取的收益用于清偿

C. 依法请求人民法院强制执行甲在合伙企业的财产份额用于清偿

D. 以对甲的债权来抵销其对合伙企业的债务

6. 根据中国证监会的规定，须经上市公司股东大会审批的对外担保，包括（　　）。

A. 上市公司及其控股子公司的对外担保总额，超过最近一期经审计净资产 50% 以后提供的任何担保

B. 为资产负债率超过 70% 的担保对象提供的担保

C. 单笔担保额超过最近一期经审计净资产 10% 的担保

D. 对股东、实际控制人及其关联方提供的担保

7. 某股份有限公司董事会由 11 名董事组成。下列情形中，能使董事会决议得以顺利通过的有（　　）。

A. 6 名董事出席会议，一致同意　　　　B. 7 名董事出席会议，5 名同意

C. 6 名董事出席会议，5 名同意　　　　D. 11 名董事出席会议，7 名同意

8. 下列关于要约收购非上市公众公司的论述，符合法律规定的为（　　）。

A. 收购要约约定的收购期限不得少于 30 日，并不得超过 60 日

B. 收购人披露后至收购期限届满前，不得卖出被收购公司的股票

C. 收购要约期限届满前 15 日内，收购人不得变更收购要约

D. 在要约收购期限届满前 2 日内，预受股东不得撤回其对要约的接受

9. 下列有关上市公司向原股东配售股份的条件中，说法正确的有（ ）。

A. 拟配售股份数量不超过本次配售股份前股本总额的 30%

B. 控股股东应当在股东大会召开前公开承诺认配股份的数量

C. 最近 24 个月内曾公开发行证券，不存在发行当年营业利润比上年下降 50% 以上的情形

D. 最近三年以现金或股票方式累计分配的利润不少于最近三年实现的年均可分配利润的 20%

10. 债务人甲企业破产，乙企业依法对甲企业的机器设备等享有抵押权，乙企业未放弃优先受偿权利。根据企业破产法律制度的规定，在债权人会议上，乙企业不可以行使表决权的事项有（ ）。

A. 通过和解协议　　B. 决定继续或停止债务的营业

C. 破产财产的变价方案　　D. 通过破产财产的分配方案

11. 根据《企业破产法》的规定，关于和解协议的效力，下列表述正确的有（ ）。

A. 经人民法院裁定认可的和解协议，对债务人和全体债权人均有约束力

B. 和解程序中，债权人未依法申报债权的，在和解协议执行期间不得行使权利

C. 债务人不能执行或者不执行和解协议被法院宣告破产的，和解债权人在和解协议中作出的债权调整的承诺失去效力，但因执行和解协议所受的清偿仍然有效

D. 自和解协议执行完毕时起，按照和解协议减免的债务不再清偿

12. 根据《票据法》的规定，下列各项中，持票人丧失对其前手行使追索权的情形有（ ）。

A. 见票后定期付款汇票的持票人自出票日起 1 个月内没有向付款人提示承兑

B. 见票即付的汇票持票人自出票起 1 个月内没有向付款人提示付款

C. 定日付款的汇票持票人自票据到期日起 10 日内没有向承兑人提示付款

D. 银行本票持票人自出票日起 3 个月内没有付款人提示付款

13. 根据《企业国有资产交易监督管理办法》的规定，下列关于企业产权转让的论述，正确的有（ ）。

A. 转让所出资企业国有产权导致国家不再拥有控股地位的，须由国有资产监督管理机构报上级人民政府批准

B. 对主业处于关系国家安全、国民经济命脉的重要行业和关键领域，主要承担重大专项任务子企业的产权转让，须由国家出资企业报同级国资监管机构批准

C. 信息披露期满未征集到意向受让方，降低转让底价或变更受让条件后重新披露信息的，新的转让底价低于评估结果 90% 的，应当获得相关产权转让批准单位书面同意

D. 交易期间企业发生重大经营性损益的，经过批准，交易双方可以对已达成的交易条件和交易价格进行适当调整

14. 在经营者集中审查中，对不予禁止的经营者集中，商务部可以附加减少集中对竞争产生不利影响的限制性条件。限制性条件可以包括（ ）。

A. 剥离有形资产、知识产权等无形资产结构性条件

B. 剥离相关权益等结构性条件

C. 开放网络或平台等基础设施、许可关键技术、终止排他性协议等行为性条件

D. 结构性条件和行为性条件相结合的综合性条件

**三、综合题**（本题型共4题，第1题12分，第2题11分，第3题20分，第4题12分，共55分）

1. 甲公司于2015年10月10日通过拍卖方式拍得位于北京郊区的一块工业建设用地；同年10月15日，甲公司与北京市土地管理部门签订“建设用地使用权出让合同”；同年10月21日，甲公司缴纳全部土地出让金；同年11月5日，甲公司办理完毕建设用地使用权登记，并获得建设用地使用权证。

2015年11月21日，甲公司与相邻土地的建设用地使用权人乙公司签订书面合同。该合同约定：甲公司在乙公司的土地上修筑一条机动车道，以利于交通方便；使用期限为20年；甲公司每年向乙公司支付8万元费用。该合同所设立的权利没有办理登记手续。2017年3月，乙公司将其土地使用权转让给丁公司，但未告知甲公司在其土地上设立地役权之事。

2016年1月28日，甲公司以取得的上述建设用地使用权作抵押，向丙银行借款5 000万元，借款期限3年。该抵押权办理了登记手续。

此后，甲公司依法办理了各项立项、规划、建筑许可、施工许可等手续之后开工建设厂房。

2016年5月，因城市修改道路规划，政府提前收回甲公司取得的尚未建设厂房的部分土地，用于市政公路建设。甲公司因该原因办理建设用地使用权变更登记手续时，发现登记机构登记簿上记载的建设用地使用权面积与土地使用权证上的记载不尽一致。

根据上述内容，分别回答下列问题：

（1）甲公司于何时取得建设用地使用权？请说明理由。

（2）甲公司在乙公司土地上设立地役权的合同未经登记，甲公司是否取得地役权？乙公司的土地使用权转让给丁后，如果丁不同意，甲公司的地役权是否还保留？请分别说明理由。

（3）如果甲公司在建造的厂房已经完工，但尚未办理房屋所有权证，是否取得该房屋所有权？请说明理由。

（4）甲公司建造的厂房是否属于丙银行抵押权涉及的抵押物范围？请说明理由。丙银行如何实现自己的抵押权？

（5）在政府提前收回甲公司部分建设用地使用权的情况下，丙银行能否就甲公司获得的补偿金主张权利？请说明理由

（6）在登记簿上的记载与土地使用权证上的记载不一致的情况下，以何为准？如果甲公司有异议能否获得法院支持？

2. 2018年3月18日，甲机械公司（以下简称“甲公司”）与乙融资租赁公司（以下简称“乙公司”）接洽融资租赁A型号数控机床事宜。同年4月1日，乙公司按照甲的要

求与丙精密设备公司（以下简称“丙公司”）签订了购买 1 台 A 型号数控机床的买卖合同。丁以乙公司的保证人身份在该买卖合同上签字，但合同中并没有保证条款，丙公司和丁亦未另行签订保证合同。乙公司和丙公司之间签订的买卖合同约定，机床价格为 1 200万元，乙公司在缔约当日向丙公司支付首期价款 400 万元，丙公司在收到首期价款后 1 个月内将机床交付给甲公司，乙公司在机床交付之后的 8 个月内，每月向丙公司支付价款 100 万元。乙公司与丙公司签订买卖合同的当日，与甲公司签订了租赁合同，但该合同未就租赁期届满后租赁物所有权的归属作出约定。2018 年 5 月 1 日，丙公司依约向甲公司交付了机床。

2018 年 8 月 8 日，甲公司在未告知乙公司的情况下，以所有权人身份将该机床以市场价格出售给戊。戊不知甲公司只是机床承租人，收到机床后即付清约定价款。乙公司知悉上述情况后，以甲公司不是机床所有权人，不享有所有权为由，主张甲公司与戊之间的买卖合同无效，并主张自己仍为机床所有权人，要求戊返还机床。

2018 年 11 月 2 日，由于乙公司连续 3 个月未支付机床价款 300 万元，丙公司要求乙公司一次性支付到期和未到期的全部价款共 500 万元。乙公司认为丙公司无权要求支付尚未到期的 200 万元价款，并拒绝支付任何款项。丙公司遂要求丁承担保证责任，丁予以拒绝，理由有二：第一，自己仅在买卖合同上以保证人身份签字，既无具体的保证条款，亦无单独的保证合同，因此保证关系不成立；第二，即使保证成立，因未约定连带责任保证，所成立的也只是一般保证，丙公司不应在人民法院执行乙公司的财产之前要求自己承担保证责任。

根据上述内容及相关法律规定，分别回答下列问题：

（1）乙公司关于甲与戊之间的机床买卖合同无效的理由是否成立？请说明理由。

（2）乙公司以要求戊返还机床的主张是否成立？请说明理由。

（3）乙公司关于丙公司无权要求支付尚未到期的 200 万元价款的主张是否成立？请说明理由。

（4）丁公司与丙公司之间的保证关系是否成立？请说明理由。

（5）丁关于保证方式为一般保证的主张是否成立？请说明理由。

（6）如果机床未被甲公司出售给戊，甲公司和乙公司之间的融资租赁合同到期后，机床所有权归属于谁？请说明理由。

3. 2010 年 8 月，中国证监会在对甲上市公司（以下简称“甲公司”）进行例行检查中，发现甲公司存在以下事实：

（1）2010 年 3 月 1 日，甲公司披露了 2009 年年度报告。经查，甲公司的董事李某于 2010 年 2 月 10 日买入甲公司股票 20 万股，3 月 10 日全部卖出，获利 9 万元。

（2）2010 年 4 月 1 日，甲公司副总经理康某将其于 2010 年 2 月 1 日买入的甲公司股票 10 万股全部卖出，获利 20 万元。2010 年 4 月 10 日，持有甲公司 2% 股份的股东王某（已连续持有 8 个月）要求甲公司董事会收回康某 20 万元的股票转让收益，但甲公司董事会直到 2010 年 5 月 20 日仍未执行王某的请求。王某遂于 2010 年 6 月 1 日以自己的名义向人民法院提起诉讼，要求康某向甲公司返还 20 万元的股票转让收益。

（3）甲公司的总股本为 10 亿股，其国有控股股东 A 公司在未经国务院国有资产监督管理机构审核批准的情况下，在最近连续三个会计年度通过证券交易系统累计净转让股份达5 000万股（不涉及对甲公司控制权的转移）。

（4）2010年6月10日，甲公司的国有股东B公司拟以协议方式将其持有的甲公司股份全部转让给C公司。根据双方达成的协议，转让价格拟订为上市公司股份转让信息公告日前30个交易日的每日加权平均价格算术平均值的85%。C公司拟以现金支付，C公司在股份转让协议签订后5个工作日内向B公司支付20%的保证金，其余价款在股份过户后1年内付清。

（5）2010年6月20日，甲公司为D公司1 000万元的银行贷款提供担保。经查，D公司借款后的资产负债率将达75%，债权人E银行在明知该项担保未经甲公司股东大会批准的情况下仍与甲公司签订了担保合同。E银行贷款到期后，债务人D公司不能清偿的债务为600万元。

（6）2010年7月1日，持有甲公司6%股份的F公司向G银行贷款8 000万元，并以其所持甲公司6%的股份设定了质押。F公司和G银行于7月1日签订了质押合同，并于7月10日向证券登记结算机构办理了登记。F公司将该事项及时告知了甲公司董事会，但甲公司对该信息一直未进行任何披露。

根据有关规定，分别回答以下问题：

（1）根据本题要点（1）提示的内容，指出李某买卖甲公司股票的行为是否符合规定？请说明理由。

（2）根据本题要点（2）提示的内容，指出康某买卖甲公司股票的行为是否符合规定？请说明理由。指出王某以自己的名义向人民法院提起诉讼，要求康某向甲公司返还20万元股票转让收益的做法是否符合规定？请说明理由。

（3）根据本题要点（3）提示的内容，指出A公司的做法是否符合规定？请说明理由。

（4）根据本题要点（4）提示的内容，指出B公司与C公司达成的股份转让协议有哪些不符合规定之处？请分别说明理由。

（5）根据本题要点（5）提示的内容，指出甲公司为D公司提供的担保未经甲公司股东大会批准是否符合规定？请说明理由。对于债务人D公司不能清偿的600万元债务，债权人E银行可以要求甲公司清偿的数额不应超过多少万元？请说明理由。

（6）根据本题要点（6）提示的内容，指出F公司和G银行签订的质押合同何时生效？G银行的质权何时设立？甲公司对该事项未进行任何信息披露的做法是否符合规定？请分别说明理由。

4. 甲公司为支付货款向乙公司签发一张金额为30万元的支票，交给了乙公司销售经理张某。张某与乙公司经理有个人恩怨，为报复公司经理，张某与同学王某合谋私刻乙公司的财务专用章和财务负责人名章，加盖于支票背书人栏内，同时把30万元更改为80万元，但在被背书人栏未填写，并将该支票交付给王某。王某将该支票转让给丙公司用于偿还个人欠款。丙公司在提示付款日期内按支票记载的付款银行要求付款，付款银行发现支票上乙公司的财务专用章和财务负责人名章存在问题，于是拒付。丙公司遂向甲、乙两公司追索。甲、乙公司均以票据存在私刻公章等违法行为为由拒绝付款。

要求：根据上述内容，分别回答下列问题：

（1）张某和王某私刻公章和人名章以及更改票面金额的行为是何种行为？分别说明。

（2）甲公司以票据存在张某的违法行为为由拒绝承担票据责任是否成立？说明理由。

（3）乙公司在本案中是否应当承担票据责任？说明理由。

（4）张某、王某是否应当承担票据责任？说明理由。

# 2020年注册会计师全国统一考试
# 《经济法》全真模拟试题（七）
# 参考答案及解析

## 一、单项选择题

1. 答案：A

解析：事件指与当事人的意志无关，但能够引起法律关系发生、变更和消灭的客观情况，包括人的出生与死亡、自然灾害与意外事件、时间的经过。选项A属于法律事实中的行为。

2. 答案：B

解析：本题考核法律行为的分类。不要式法律行为，是指法律不要求采取一定形式，当事人可以自由选择一种形式即可成立的法律行为。

3. 答案：C

解析：法律规定，对于约定不明确的共有关系，除共有人具有家庭关系等之外，均视为按份共，故选项A错。不论是按份共有人还是共同共有人，因共有的财产对外造成损失的，均应该承担连带的赔偿责任，除非法律另有规定或第三人知道共有人不具有连带关系的，故选项B错。优先购买权受到侵害，只能向侵害人请求侵权性质的损害赔偿救济，不能请求撤销共有份额转让合同或者认定该合同无效，故选项D错。

4. 答案：C

解析：撤销要约的通知应当在受要约人发出承诺通知之前到达受要约人。

5. 答案：D

解析：根据法律规定，保证合同约定的保证期间早于或者等于主债务履行期限的，视为没有约定，保证期间也是主债务履行期届满之日起6个月；保证合同约定保证人承担保证责任直至主债务本息还清时为止等类似内容的，视为约定不明，保证期间为主债务履行期届满之日起2年。本题中依法应视为约定不明，因此正确答案为选项D。

6. 答案：D

解析：《合同法》规定，债权人领取提存物的权利，自提存之日起5年内不行使则消灭，提存物扣除提存费用后归国家所有。

7. 答案：C

解析：本题考核定金合同的规定。根据我国《担保法》的规定，定金合同从实际交付定金之日起生效。

8. 答案：C

解析：《合伙企业法》规定，新合伙人入伙，除合伙协议另有约定外，应当经全体合伙人一致同意，并依法订立书面入伙协议。普通合伙企业合伙人不得自营或者同他人合作经营与本合伙企业相竞争的业务。但《合伙企业法》没有规定甲的告知义务，甲无须说明自己的个人负债情况。

9. 答案：A

解析：合伙协议未约定或者约定不明确的，由合伙人协商决定；协商不成的，由合伙人按照实缴出资比例分配、分担；无法确定出资比例的，由合伙人平均分配、分担。

10. 答案：D

解析：本题考核点为有限责任公司的股东抽回其投资的限制。股东在公司登记后，不得抽回投资。

11. 答案：D

解析：新《公司法》将原《公司法》规定的"须有过半数发起人在中国境内有住所"改为"须有半数以上发起人在中国境内有住所"，包含了半数的情况。

12. 答案：A

解析：本题考核关联关系表决的相关规定。上市公司董事与董事会会议决议事项所涉及的企业有关联关系的，不得对该项决议行使表决权，也不得代理其他董事行使表决权。该董事会会议由过半数的无关联关系董事出席即可举行，董事会会议所作决议须经无关联关系董事过半数通过。

13. 答案：A

解析：法律规定，股东人数超过 200 人的非上市公众公司申请其股票公开转让的，应当向中国证监会申请核准；股东人数未超过 200 人的公司申请其股票公开转让的，中国证监会豁免核准，由全国中小企业股份转让系统进行审查。

14. 答案：C

解析：法律规定，首次公开发行股票的网下发行应和网上发行同时进行，参与申购的网下和网上投资者应当全额缴付申购资金。投资者应自行选择参与网下或网上发行，不得同时参与。

15. 答案：D

解析：法律规定，由于债务人财产的市场价值发生变化，导致其在案件受理后破产原因消失的，不影响破产案件的受理与继续审理，人民法院不得裁定驳回申请，债务人可以通过和解、重整等方式结束破产程序。

16. 答案：C

解析：人民法院受理其破产案件前 6 个月至破产宣告之日的期限期内非正常压价出售其所有的一栋办公楼，属无效行为，清算组可以行使撤销权，向法院申请追回该财产。这一行为在破产程序终结之日起 1 年内被发现的，则由人民法院追回财产，按《破产法》有关规定按原已确定的清偿顺序与债权数额分配。

17. 答案：D

解析：法律规定，破产企业在破产案件受理前因欠缴税款产生的滞纳金属于普通债权，不享有与欠缴税款相同的优先受偿权；破产案件受理后因欠缴税款产生的滞纳金不属于破产债权。

18. 答案：B

解析：临时存款账户的有效期最长不得超过2年。

19. 答案：A

解析：根据《票据法》的规定，出票人在汇票上记载“不得转让”字样，其后手再背书转让的，该转让不发生票据法上的效力，而只具有普通债权让与的效力，出票人对受让人不承担票据责任。出票人的禁止背书应记载在汇票的正面。

20. 答案：C

解析：注意区分验单付款与验货付款的承付时间及起算的区别。前者的承付期为3天，从付款人开户银行发出承付通知的次日算起；后者的承付期为10天，从运输部门向付款人发出提货通知的次日起算。

21. 答案：D

解析：D选项，企业改制时，对确认的拖欠职工工资、医疗费等，原则上应当一次付清。

22. 答案：C

解析：上市公司可流通的股权转让可以不进行资产评估。本题考核金融企业国有资产免于评估的情形。金融企业有下列情形之一的，对相关的资产可以不进行资产评估：（1）县级以上人民政府或者其授权部门批准其所属企业或者企业的部分资产实施无偿划转的。（2）国有独资企业与其下属的独资企业之间，或者其下属独资企业之间的合并，以及资产或者产权置换、转让和无偿划转的；中央直接管理的金融企业与其下属的独资企业之间，或者其下属独资企业之间的合并，以及资产或者产权置换、转让和无偿划转的，未造成国有股权比例发生变动的，对相关的资产可以不进行评估。（3）发生多次同类型的经济行为时，同一资产在评估报告使用有效期内，并且资产、市场状况未发生重大变化的。（4）上市公司可流通的股权转让。

23. 答案：B

解析：根据规定，一个经营者在相关市场的市场份额达到1/2的，即可推定为具有市场支配地位。本题中，该地区市场份额为100亿元，对于单一的经营者，只要达到1/2（即50亿元）即可被推定为具有市场支配地位。

24. 答案：A

解析：根据规定，个人结汇和境内个人购汇年度总额分别为每人每年等值5万美元。

## 二、多项选择题

1. 答案：AC

解析：诉讼时效中断的法定事由有：权利人向义务人提出履行请求，义务人同意履行义务，提起诉讼或者申请仲裁。

2. 答案：ACD

解析：根据规定，地役权登记不是生效条件而是对抗要件，故选项B不选。

3. 答案：BC

解析：法律规定，保证期间，债权人依法将债权出让的，除另有约定外，保证人应在原保证范围内承担保证责任；债务人将债务出让的，应取得保证人书面同意，否则保证人不再承担保证责任，故选项A不选。法律规定，一般保证的债权人向债务人和保证人一并提起诉讼的，法院可以将债务人和保证人列为共同被告，但应当在判决书中明确保证人承担补充责任，故选项D不选。

4. 答案：AC

解析：本题考核买卖合同标的物风险的承担。（1）标的物毁损、灭失的风险，在标的物交付之前由出卖人承担，交付之后由买受人承担，但法律另有规定或者当事人另有约定的除外。所以选项A中，出卖人承担风险。（2）标的物提存后，毁损、灭失的风险由债权人承担。所以选项B中，出卖人不承担风险。（3）因标的物质量不符合质量要求，致使不能实现合同目的的，买受人可以拒绝接受标的物或者解除合同。买受人拒绝接受标的物或者解除合同的，标的物毁损、灭失的风险由出卖人承担。所以选项C中，出卖人承担风险。（4）因买受人的原因致使标的物不能按照约定的期限交付的，买受人应当自违反约定之日起承担标的物毁损、灭失的风险。所以选项D中，出卖人不承担风险。

5. 答案：AD

解析：本题考核普通合伙企业合伙人债务的清偿规定。根据《合伙企业法》的规定，合伙人发生与合伙企业无关的债务，相关债权人不得以其债权抵销其对合伙企业的债务，也不得代位行使合伙人在合伙企业中的权利。

6. 答案：ABCD

解析：本题考核上市公司对外提供担保的规定。中国证监会对上市公司对外提供担保作出特别规定，本题中4个选项均正确。

7. 答案：AD

解析：本题考核股份有限公司董事会会议制度。根据规定，董事会决议必须有过半数的董事出席方可举行；董事会的决议必须经全体董事（而非出席会议）过半数通过。

8. 答案：BD

解析：法律规定，收购要约约定的收购期限不得少于30日，并不得超过60日，但出现竞争要约的除外，故选项A错。收购要约期限届满前15日内，收购人不得变更收购要约，但出现竞争要约的除外，故选项C错。

9. 答案：ABCD

解析：上市公司配股除应符合上市公司增发股票的一般条件外，还应符合：（1）拟配售股份数量不超过本次配售股份前股本总额的30%；（2）控股股东应当在股东大会召开前公开承诺认配股份的数量；（3）采用《证券法》规定的代销方式发行。选项A、B为特定条件，选项C、D为一般条件。

10. 答案：AD

解析：本题考核债权人会议的表决权。根据规定，债权人会议成员均享有表决权，但对债务人的特定财产享有担保权的债权人，未放弃优先受偿权的，其对通过和解协议和破产财产的分配方案的事项不享有表决权。

11. 答案：BCD

解析：法律规定，经人民法院裁定认可的和解协议，对债务人和全体“和解”债权人均有约束力，“和解”债权人指无财产担保的债权人。

12. 答案：ABC

解析：见票即付的银行本票和汇票的提示付款期限不同。前者为自出票日起 2 个月内提示付款。

13. 答案：BC

解析：法律规定，转让所出资企业国有产权导致国家不再拥有控股地位的，须由国有资产监督管理机构报本级人民政府批准，故选项 A 错。交易双方不得以交易期间企业经营性损益等理由对已达成的交易条件和交易价格进行调整，故选项 D 错。

14. 答案：ABCD

解析：法律规定，对不予禁止的经营者集中，商务部可以附加减少集中对竞争产生不利影响的限制性条件。限制性条件可以包括如下种类：（1）剥离有形资产、知识产权等无形资产或相关权益等结构性条件，屏蔽此推广内容；（2）开放网络或平台等基础设施、许可关键技术（包括专利、专有技术或其他知识产权）、终止排他性协议等行为性条件；（3）结构性条件和行为性条件相结合的综合性条件。

## 三、综合题

1. 答案：

（1）甲公司于 2015 年 11 月 5 日取得建设用地使用权。

根据规定，建设用地使用权的取得必须向登记机构办理登记，登记是建设用地使用权生效的条件。

（2）甲已经取得地役权。但该土地使用权转让后，如果丁不同意，甲公司不能保留地役权。

根据规定，地役权自地役权合同生效时设立。当事人要求登记的，可以向登记机构申请地役权登记；未经登记，不得对抗善意第三人。

（3）甲公司已经取得该房屋的所有权。

根据规定，因合法建造等事实行为设立物权的，自事实行为成就时发生效力。

（4）①甲公司建造的厂房不属于抵押物的范围。根据规定，以城市房地产设定抵押的，土地上新增的房屋不属于抵押财产。②抵押权实现时，可以依法将该土地上新增的房屋与抵押物一同变价，但对新增房屋的变价所得，抵押权人无权优先受偿。故丙银行只能就建设用地使用权的卖得款优先受偿。

（5）丙银行可以就补偿金主张权利。

根据规定，担保期间，担保物毁损、灭失或者被征收等，担保物权人可以就获得的保险金、赔偿金或者补偿金等优先受偿。

（6）在登记簿上的记载与土地使用权证上的记载不一致的情况下，以登记簿为准。如果甲公司有证据证明不动产登记簿的记载与真实权利状态不符，向法院申请确认，能得到法院支持。

2. 答案：

（1）乙公司关于甲与戊之间的机床买卖合同无效的理由不成立。

根据规定，合同订立时出卖人对标的物没有所有权或者处分权，并不影响买卖合同的效力。

（2）乙公司要求戊返还机床的主张不成立。

根据规定，无处分权人将不动产或者动产转让给受让人的，所有权人有权追回。除法律另有规定外，符合下列情形的，受让人取得该不动产或者动产的所有权：①受让人受让该不动产或者动产时是善意的；②以合理的价格转让；③转让的不动产或者动产依照法律规定应当登记的已经登记，不需要登记的已经交付给受让人。

结合本案，尽管承租人甲公司的行为构成无权处分，但戊基于善意取得制度（戊善意、对价取得、已经交付）已经依法取得了该机床的所有权，乙公司已经丧失了对该机床的所有权，乙公司无权要求戊返还该机床。

（3）乙公司关于丙公司无权要求支付尚未到期的200万元价款的主张不成立。

根据规定，分期付款的买受人未支付到期价款的金额达到全部价款1/5的，出卖人可以要求买受人一并支付到期与未到期的全部价款或者解除合同。

结合本案，乙公司未支付的到期价款为300万元，已经超过了合同总价款的1/5（本案总价款1 200万元，1/5则为240万元），丙公司有权要求乙公司支付到期（300万元）与未到期（200万元）的全部价款。

（4）丁与丙公司的保证关系成立。

根据规定，主合同中虽然没有保证条款，但保证人在主合同上以保证人的身份签字或者盖章的，保证合同成立。

（5）丁关于保证方式为一般保证的主张不成立。

根据规定，如果当事人在保证合同中对保证方式没有约定或者约定不明确的，按照连带责任保证承担保证责任。

（6）机床所有权归属于出租人乙公司。

根据规定，在融资租赁合同中，对租赁物的归属没有约定或者约定不明确，依照《合同法》有关规定仍不能确定的，租赁物的所有权归出租人。

3. 答案：

（1）李某买卖甲公司股票的行为不符合规定。

根据规定，上市公司定期报告公告前30日内，上市公司董事、监事和高级管理人员不得买卖本公司股票。

（2）①康某买卖甲公司股票的行为不符合规定。

根据规定，上市公司董事、监事、高级管理人员、持有上市公司股份5%以上的股东，将其持有的该公司的股票在买入后6个月内卖出，或者在卖出后6个月内又买入，由此所得收益归该公司所有，公司董事会应当收回其所得收益。

②王某的做法符合规定。根据规定，公司董事会不按照规定执行的，股东有权要求董事会在 30 日内执行。公司董事会未在上述期限内执行的，股东有权为了公司的利益以自己的名义直接向人民法院提起诉讼。

（3）A 公司的做法不符合规定。

根据规定，总股本不超过 10 亿股的上市公司，国有控股股东在连续 3 个会计年度内累计净转让股份的比例未达到上市公司总股本的 5%，且国有控股股东转让股份不涉及上市公司控制权转移的，才可以采取事后备案的方式。在本题中，甲公司的总股本为 10 亿股，A 公司在连续 3 个会计年度内累计净转让股份的比例已达总股本的 5%，A 公司应将转让方案逐级报国务院国有资产监督管理机构审核批准后方可实施。

（4）①股份转让价格不符合规定。根据规定，国有股东协议转让上市公司股份的价格应当以上市公司股份转让信息公告日前 30 个交易日的每日加权平均价格算术平均值为基础确定；确需折价的，其最低价格不得低于该算术平均值的 90%。

②股份转让价款的支付方式不符合规定。根据规定，拟受让方以现金支付股份转让价款的，国有股东应在股份转让协议签订后 5 个工作日内收取不低于转让收入 30% 的保证金，其余价款应在股份过户前全部结清。

（5）①甲公司为 D 公司提供的担保未经股东大会批准不符合规定。

根据规定，上市公司为资产负债率超过 70% 的担保对象提供的担保，应由股东大会审批。

②债权人 E 银行可以要求甲公司清偿的数额不应超过 300 万元。根据规定，主合同有效而担保合同无效，债权人、担保人有过错的，担保人承担民事责任的部分，不应超过债务人不能清偿部分的 1/2。

（6）①质押合同于 7 月 1 日生效。

根据规定，质押合同自合同签订时生效。

②G 银行的质权于 7 月 10 日设立。根据规定，以证券登记结算机构登记的股权出质的，质权自证券登记结算机构办理出质登记时设立。

③甲公司的做法不符合规定。

根据规定，任一个股东所持上市公司 5% 以上股份被质押，属于重大事件，上市公司应当立即提交临时报告。

4. 答案：

（1）张某和王某私刻公章和人名章的行为是票据伪造行为。

票据伪造是指假冒或者虚构他人的名义而为的票据行为。张某和王某更改票面金额的行为是票据变造行为。票据变造，是指没有变更权限的人变更票据上签章以外的其他记载事项的行为。

（2）甲公司以票据存在张某的违法行为为由拒绝承担票据责任不成立。

甲公司应当承担票据责任。根据规定，票据上有伪造签章的，不影响票据上其他真实签章的效力。支票上实际签章的当事人（甲公司），是票据债务人，应当对持票人承担票据责任。

（3）乙公司不承担票据责任。

根据规定，假冒他人名义签章，法律效果类似于无权代理（狭义无权代理），票据行为无效，被伪造人乙公司不承担票据责任。

(4) 张某、王某不承担票据责任。

根据规定，伪造人并未以自己名义在票据上签章，不承担票据责任。

# 2020 年注册会计师全国统一考试《经济法》全真模拟试题（八）

**一、单项选择题**（本题型共 24 题，每题 1 分，共 24 分。每题只有一个正确答案，请从每题的备选答案中选出一个你认为正确的答案）

1. 下列关于法律关系主体的表述，正确的是（　　）。

A. 法律关系主体必须同时具备权利能力和行为能力

B. 作为法律关系主体的自然人不包括外国人

C. 分公司具有法人地位

D. 法律关系主体既包括权利人，也包括义务人

2. 根据《合同法》的规定，下列情形中，适用 4 年诉讼时效的是（　　）。

A. 技术进出口合同争议　　B. 承租方迟延支付租金

C. 货物在运输途中被毁损　　D. 借款方违反规定用途使用贷款

3. 甲向乙借款，为担保债务履行，将一辆汽车出质给乙。乙不慎将汽车损坏。根据物权及合同法律制度的规定，下列表述，正确的是（　　）。

A. 甲有权要求乙立即赔偿损失，或在借款到期时在损失赔偿额范围内相应抵销其对乙所负的债务

B. 甲有权拒绝归还借款并要求乙赔偿损失

C. 甲有权要求解除质押合同

D. 甲有权要求延期还款

4. 上海 A 公司与北京 B 公司在上海订立了一份书面合同，A 公司在合同上签字盖章后交 B 公司带回北京签字盖章。该合同的成立时间为（　　）。

A. 自 A 公司与 B 公司口头协商一致并签订备忘录时成立

B. 自 A 公司在上海签字盖章时成立

C. 自 B 公司在北京签字盖章时成立

D. 自 B 公司签字盖章后，A 公司收到时成立

5. 在融资租赁合同中，因出卖人不履行买卖合同的义务产生索赔的权利，（　　）。

A. 出租人可以转让给承租人

B. 出租人不可以转让给承租人

C. 经出卖人同意，出租人可以转让给承租人

D. 在不损害出卖人利益的前提下，出租人可以转让给承租人

6. 甲无偿保管乙的物品，在保管过程中，乙的物品发生损毁，但是甲可以证明自己没有重大过失。根据合同法律的有关规定，下列说法正确的是（ ）。

A. 甲应承担损害赔偿责任　　B. 甲不承担损害赔偿责任

C. 甲不得无偿保管物品　　D. 乙应向甲支付保管费用

7. 某有限合伙企业在经营期间吸收甲为有限合伙人。下列关于甲入伙前有限合伙企业债务的表述，符合《合伙企业法》规定的是（ ）。

A. 甲不承担责任

B. 甲承担无限连带责任

C. 甲以其认缴的出资额为限承担责任

D. 甲以其实缴的出资额为限承担责任

8. 根据《合伙企业法》的规定，下列各项中，属于普通合伙企业合伙人当然退伙情形的是（ ）。

A. 合伙人在执行合伙企业事务中有侵占合伙企业财产的行为

B. 合伙人未履行出资义务

C. 合伙人被法院强制执行其在合伙企业中的全部财产份额

D. 合伙人因重大过失给合伙企业造成损失

9. 关于公司股东出资及享有股东权利问题，下列正确的是（ ）。

A. 股东以划拨土地使用权出资的，属于未依法全面履行出资义务

B. 股东以房屋出资，已经交付公司使用但未办理权属变更手续的，不得享有相应股东权利

C. 股东以房屋出资，已经交付公司使用但未办理权属变更手续的，自补办权属变更手续之日起享有相应股东权利

D. 股东以商标权出资，已经办理权属变更手续但未交付给公司使用的，在实际交付之前不享有相应股东权利

10. 某有限责任公司的股东会拟对公司为股东甲提供担保事项进行表决。下列有关该事项表决通过的表述，符合《公司法》规定的是（ ）。

A. 该项表决由公司全体股东所持表决权的过半数通过

B. 该项表决由出席会议的股东所持表决权的过半数通过

C. 该项表决由除甲以外的股东所持表决权的过半数通过

D. 该项表决由出席会议的除甲以外的股东所持表决权的过半数通过

11. 根据《关于在上市公司建立独立董事制度的指导意见》的规定，上市公司独立董事连续（ ）次未出席董事会会议的，由董事会提请该公司的股东大会予以撤换。

A. 3　　B. 2

C. 5　　D. 8

12. 根据法律规定，下列关于股票公开发行方式的论述，错误的是（ ）。

A. 首次公开发行股票数量在 4 亿股以上的，可以向战略投资者配售股票

B. 战略投资者可以参与网下询价，但应当承诺获得本次配售的股票持有期限不少于 12

个月

C. 首次公开发行股票，网下和网上投资者缴款认购的股份数量合计不足本次公开发行数量的70%时，可以中止发行

D. 首次公开发行股票网下配售时，发行人和主承销商不得向发行人、发行人的股东、发行人股东的子女、发行人股东子女的配偶、发行人股东子女配偶的父母配售股票

13. 下列各项为可以向公众投资者公开发行，也可以自主选择仅面向合格投资者公开发行公司债券的发行人资信标准，其中（　　）不符合法律规定。

A. 发行人最近三年无债务违约或者迟延支付本息的事实

B. 发行人最近三个会计年度实现的年均可分配利润不少于债券1年利息的2倍

C. 债券信用评级达到AAA级

D. 中国证监会根据投资者保护的需要规定的其他条件

14. 2016年9月，X市人民法院受理了本市甲公司诉Y市乙公司对一栋房屋所有权归属纠纷一案。2016年12月，Y市人民法院受理了债务人乙公司的破产申请，此时，甲、乙公司之间的所有权归属纠纷尚未审结。根据《企业破产法》及其司法解释的规定，下列关于该合同纠纷案的表述，正确的是（　　）。

A. 甲、乙公司之间的纠纷案应当终止审理

B. 甲、乙公司之间的纠纷案应当移送至Y市人民法院继续审理

C. X市人民法院应当驳回甲公司的起诉，由甲公司向受理破产案件的Y市人民法院重新起诉

D. 甲、乙公司之间的纠纷案应当中止审理，在管理人接管乙公司财产后由X市人民法院继续审理

15. 张三、李四、王五成立庆云投资咨询有限责任公司，张三、李四各以现金50万元出资，王五以价值20万元的办公设备出资。张三任公司董事长，李四任公司总经理。根据公司法律制度的规定，公司成立后，股东的下列行为中，不构成抽逃出资的是（　　）。

A. 张三与自己所代表的公司签订一份虚假购货合同，以支付货款的名义，由庆云公司支付给自己50万元

B. 李四以公司总经理身份，与自己所控制的另一家公司签订设备购置合同，将15万元的设备款虚报成65万元，并已由庆云公司实际转账支付

C. 王五擅自将庆云公司的笔记本电脑拿回家

D. 三人决议制作虚假财务会计报表虚增利润，并进行分配

16. 债权人知道或者应当知道债务人破产，既未申报债权也未通知保证人，致使保证人不能预先行使追偿权的，保证人在（　　）免除保证责任。

A. 保证范围内

B. 该债权人在破产程序中可能受偿的范围内

C. 债权人未申报债权的范围内

D. 债权人会议确定的清偿范围内

17. 在破产程序中，债务人与债权人会议达成的和解协议发生效力后，应受和解协议约束的债权人是（　　）。

A. 和解协议成立前产生的无财产担保的债权人

B. 和解协议成立前产生的有财产担保的债权人

C. 和解协议成立后产生的无财产担保的债权人

D. 和解协议成立后产生的有财产担保的债权人

18. 根据物权法律制度的规定，下列各项中，属于物权法上的物的是（　　）。

A. 空气　　B. 太阳

C. 月亮　　D. 沙漠

19. 持票人行使追索权，不能请求被追索人支付的金额和费用是（　　）。

A. 被拒绝付款的汇票金额

B. 汇票金额自出票日或提示付款日起至清偿日止，按照中国人民银行规定的利率计算的利息

C. 取得有关拒绝证明的费用

D. 发出通知书的费用

20. 根据国内信用证法律制度的规定，开证行收到受益人开户行寄交的委托收款凭证、单据等材料，并与信用证条款核对无误后，若发现开证申请人交存的保证金和存款账户余额不足以支付信用证金额的，开证行应采取的正确做法是（　　）。

A. 在规定付款时间内全额付款

B. 在规定付款时间内，在保证金以及申请人存款账户余额范围内付款

C. 拒绝付款并将有关材料退还受益人开户行

D. 在征得开证申请人同意后全额付款

21. 根据《公司法》规定，下列关于国有独资公司组织机构的表述中，正确的是（　　）。

A. 国有独资公司不设股东会

B. 国有独资公司必须设 1 名董事长和 1 名副董事长

C. 国有独资公司董事长由董事会选举产生

D. 国有独资公司监事由股东选举产生

22. 下列关于国有资产交易的论述中，不正确的是（　　）。

A. 上市公司的国有股权转让不适用《企业国有资产交易监督管理办法》

B. 已设定担保物权的国有资产不能进行交易

C. 企业国有资产交易包括国有及国有控股企业、国有实际控制企业产权转让、增资和资产转让的行为

D. 政府部门、机构、事业单位出资设立的国有独资公司对外出资，拥有股权比例超过 50% 的各级子企业，属于《企业国有资产交易监督管理办法》所调整的国有控股企业

23. 下列关于反垄断民事诉讼制度的表述中，说法正确的是（　　）。

A. 作为间接购买该公司产品的消费者，不能作为反垄断民事诉讼的原告

B. 在反垄断民事诉讼中，具有相应专门知识的人员出庭就案件专门性问题所作说明，属于《民事诉讼法》上的证人证言

C. 原告起诉时，被诉垄断行为已持续超过 2 年，被告以诉讼时效抗辩的，损害赔偿应当自原告向人民法院起诉之日起向前推算 2 年计算

D. 原告提起反垄断民事诉讼，须以反垄断执法机构认定相关垄断行为违法为前提

24. 根据对外贸易法律制度的规定，反倾销调查应当自立案调查决定公告之日起一定期限内结束。该期限最长可以是（　　）。

A. 6个月　　B. 24个月

C. 12个月　　D. 18个月

**二、多项选择题**（本题型共14题，每题1.5分，共21分。每题均有多个正确答案，请从每题的备选答案中选出你认为正确的答案。不答、错答、漏答均不得分）

1. 下列关于抵押的说法，正确的有（　　）。

A. 甲把自己的房屋赠与了乙，丙对该房屋享有抵押权，此时丙的抵押权是无效的

B. 甲借乙10万元，以自己的房屋设定抵押，丙帮甲清偿债务的话，甲可以把房子转让给丙

C. 抵押财产转让要生效是以抵押权人的同意为条件的

D. 抵押人经抵押权人的同意转让抵押物的话，此时抵押权人可以选择把转让的价款提存的

2. 甲向乙借款30万元，丙为该借款合同进行保证担保。在乙的要求下，甲又请求丁对甲和乙之间的借款合同进行了抵押担保。到偿债期后，甲无力偿还。如果两项担保对担保责任均没有约定，下列说法正确的有（　　）。

A. 乙可以要求丙承担30万元的担保责任

B. 乙可以要求丁承担30万元的担保责任

C. 乙只能要求丙和丁各承担15万元的担保责任

D. 因为没有约定，丙和丁均不承担担保责任

3. 根据《合同法》的规定，下列合同中，根据合同性质，债权人不得将合同的权利全部或者部分转让给第三人的有（　　）。

A. 借款合同　　B. 赠与合同

C. 委托合同　　D. 雇用合同

4. 甲汽车运输公司接受乙工厂委托，为其运输一批原材料。下列关于该业务的论述，正确的有（　　）。

A. 因乙工厂生产任务发生变化，其可以要求甲公司将货物运交给其他收货人，但应当赔偿甲公司因此受到的损失

B. 如果因不可抗力造成该批货物灭失，甲公司不必承担赔偿损失的责任

C. 如果因不可抗力造成该批货物灭失，甲公司尚未收到运费的不能向乙工厂索取，乙工厂已经支付运费的不能要求甲公司返还

D. 甲公司与丙汽车运输公司签订联运合同，由丙公司负责运输某一路程，如非不可抗力的损失发生在丙公司运输区段，则由丙公司向乙工厂承担赔偿责任

5. 根据合伙企业法律制度的规定，合伙企业出现亏损时，须由合伙人分担责任。下列有关亏损分担的表述，正确的有（　　）。

A. 由执行合伙企业事务的合伙人承担

B. 合伙协议没有约定比例的，可以直接按照实缴出资比例分担

C. 合伙协议没有约定比例的，由各合伙人协商确定

D. 合伙协议没有约定比例的，无法协商并且不能确定出资比例的，合伙人平均承担

6. 某股份有限公司的经理在执行职务时，违反法律规定，给公司造成巨大损失，该公司的甲、乙、丙三位股东分别连续 180 日以上持有公司 1.1%、0.7%、0.5% 的股份。根据《公司法》的规定，该公司股东行使对经理提起诉讼的方式有（　　）。

A. 特殊情况下，甲股东有权直接提起诉讼

B. 乙股东通过董事会提起诉讼

C. 丙股东通过监事会提起诉讼

D. 乙、丙两位股东可以联合经过监事会提起诉讼

7. 根据我国《公司法》的规定，国有独资公司的下列事项中，必须由国家授权投资的机构或者国家授权投资的部门决定的有（　　）。

A. 公司的合并、分立、解散　　B. 增加注册资本

C. 减少注册资本　　D. 发行公司债券

8. 某股份公司申请首次公开发行股票并上市，下列情形构成发行障碍的有（　　）。

A. 最近 36 个月内违反工商、税收、土地、环保、海关以及其他法律、行政法规，受到行政处罚，且情节严重

B. 最近 36 个月内曾提出发行申请，但报送的发行申请文件有虚假记载、误导性陈述或重大遗漏；或者伪造、变造发行人或其董事、监事、高级管理人员的签字、盖章

C. 本次报送的发行申请文件有虚假记载、误导性陈述或者重大遗漏

D. 涉嫌犯罪被审判机关判处有期徒刑

9. 根据外汇管理法律制度的规定，下列各项中，属于资本项目下外汇收支的有（　　）。

A. 境内居民吴某投资 B 股所得股息

B. 中国投资有限责任公司收购美国摩根 × × 利公司股权的价款

C. 日本政府向我国地震灾区提供的经济援助

D. 世界银行向中国政府提供的农业项目贷款

10. 债务人不能清偿到期债务，并且明显缺乏清偿能力的，债权人可以依法向人民法院提出的申请有（　　）。

A. 重整　　B. 和解

C. 债权确认　　D. 破产清算

11. 下列各项中，属于专用存款账户特定用途的资金范围包括（　　）。

A. 银行借款转存

B. 基本建设的资金

C. 更新改造的资金

D. 合格境外机构投资者在境内从事证券投资开立的人民币特殊账户的资金

12. 下列情况中，属于票据伪造的有（　　）。

A. 甲以乙的名义出票

B. 甲以乙的名义在票据上更改付款日期

C. 甲以乙的名义在票据上更改票据金额

D. 甲以乙的名义在票据上签章背书

13. 根据企业国有资产法律制度的规定，下列关于我国企业国有资产监督管理体制的表

述正确的有（ ）。

A. 企业国有资产属于国家所有，国务院代表国家对国家出资企业履行出资人职责

B. 履行出资人职责应当坚持政企分开、社会公共管理职能与企业国有资产出资人职能分开、不干预企业依法自主经营原则

C. 地方人民政府无权代表国家对国家出资企业履行出资人职责

D. 国有资本投资、运营公司可对授权范围内的国有资本履行出资人职责

14. 根据《企业国有资产交易监督管理办法》的规定，下列关于企业增资的论述，正确的有（ ）。

A. 增资企业为多家国有股东共同持股的企业，且各国有股东持股比例相同的，由国有资产管理部门确定其中一家股东负责履行相关批准程序

B. 增资企业和投资方均为国有独资或国有全资企业的，不一定依据资产评估报告确定企业资本及股权比例，可以依据最近一期的审计报告来确定

C. 企业增资通过产权交易机构网站对外披露信息公开征集投资方，时间不得少于30个工作日

D. 经国家出资企业审议决策，企业原股东增资可以采取非公开协议方式进行增资

**三、综合题**（本题型共4题，第1题11分，第2题15分，第3题10分，第4题19分，共55分）

1. 2017年10月2日，A公司与B公司签订了一份价值200万元的设备买卖合同。该合同约定：

（1）A公司于10月3日向B公司签发一张金额为人民币20万元的银行承兑汇票作为定金；

（2）B公司于10月10日交付展览设备；

（3）A公司于B公司交付展览设备之日起3日内付清货款；

（4）任何一方违约，应当依照合同金额的20%向守约方支付违约金。

10月3日，A公司依约向B公司签发并交付了一张由C银行承兑和付款的金额为20万元的银行承兑汇票。B公司在收到该汇票后，于10月4日将其背书转让给D公司。10月10日，B公司未向A公司交付设备。经A公司催告后至3月15日，B公司仍未交货，A公司遂于10月18日另行购买了设备，并通知B公司解除合同，要求B公司双倍返还定金40万元，同时支付违约金40万元。B公司收到A公司通知后未就解除合同提出异议，但不同意A公司提出的双倍返还定金和支付违约金的要求。

10月9日，D公司取得的上述汇票不慎被盗。10月10日，甲用盗得的上述汇票以D公司的名义向E公司购买汽车一辆，并以D公司的名义将该汇票签章背书转让给E公司作为支付购买汽车的价款。10月12日，E公司为支付F公司货款，又将该汇票背书转让给了F公司。11月5日，F公司在该汇票到期日向C银行提示付款；C银行拒绝支付票款。

根据上述事实，回答下列问题：

（1）A公司向B公司主张解除合同是否符合《合同法》的规定？请说明理由。

（2）B公司收到A公司解除合同的通知后，双方之间签订的买卖合同是否已经解除？请说明理由。

（3）A 公司要求 B 公司双倍返还定金 40 万元，同时支付违约金 40 万元是否符合《合同法》的规定？请说明理由。

（4）F 公司可以向哪些当事人行使追索权？请说明理由。

2. A 公司是一家有限责任公司，共有 15 位股东。其中，股东甲持有 20% 有表决权的股权；股东乙持有 15% 有表决权的股权；股东丙持有 10% 有表决权的股权。A 公司由于经营不善，连年亏损，净资产已经降至人民币 300 万元，包括董事长在内的几位董事陆续提出辞职。股东甲提议召开临时股东会，重新选举董事会成员，但董事会和监事会成员对甲的提议均未予理睬，股东甲即自行召集和主持临时股东会。临时股东会重新选举董事会成员，由股东按照出资比例行使表决权，选举了新的董事会和监事会成员。

为解决资金短缺问题，新的董事会提出如下两个方案交股东会审议：方案一，增加注册资本 500 万元，由新引进的 B 公司认购；方案二，增加注册资本 500 万元，由全体股东按照原出资比例认购。股东会一致决议通过了董事会提出的两个方案。在董事会实施上述两个方案时，方案一未能与 B 公司达成一致；方案二得以实现，并办理了变更手续。

董事会决定投资 1 000 万元开发网络游戏，为此，又以公司名下的办公用房作抵押，向 C 银行贷款 500 万元，并办理了登记手续。由于种种原因，网络游戏一直未能形成利润，所欠贷款无力偿还，C 银行向人民法院申请 A 公司破产并被受理。

案件审理过程中，管理人陆续收到债权人如下请求：

（1）C 银行提出，如果 A 公司被宣告破产，请求就其办公用房拍卖或变卖所得优先清偿所欠的贷款；

（2）D 公司提出，在人民法院受理破产申请前 3 个月时，A 公司将一批电脑等设备无偿赠与某网吧，请求撤销该赠与；

（3）E 企业提出，对 A 公司的破产申请受理之前，自己欠 A 公司 20 万元劳务费，A 公司欠自己 20 万元货款，请求两者相互抵销；

（4）F 律师事务所提出，A 公司被申请破产前，由自己代理的诉讼案件发生的 5 万元律师费尚未支付，请求按破产费用优先支付；

（5）G 公证处提出，对 A 公司的破产申请受理之后，因管理人决定是否继续履行合同发生的 1 万元公证费尚未支付，请求按共益债务优先支付。

根据以上事实并结合法律规定，回答下列问题：

（1）股东甲是否有权提议召开临时股东会？请说明理由。

（2）股东甲是否有权自行召集和主持临时股东会？请说明理由。

（3）董事会提出的两个方案是否合法？请说明理由。

（4）股东会通过增资方案是否合法？请说明理由。

（5）逐项说明管理人收到的债权人请求是否合法？请分别说明理由。

3. 2011 年，X 上市公司的总经理兼董事甲某认识了某证券交易所的一位信息分析师乙某，并成为好朋友，于是甲某要求乙某一起买卖证券，乙某没有同意，但答应提供证券交易信息。在乙某的协助下，甲某受益连连、进账颇丰。乙某最终经不起金钱的诱惑，遂与甲某利用其能得到信息的优势连续买卖，操纵 X 公司证券交易价格和证券交易量，从而导致 X 公司亏损巨大。X 公司知情后随即撤换了甲某，但没有进行任何披露。与此同时，X 公司的实际控股公司 Y 公司与 Z 公司合并，由此，经营方针和经营范围发生重大变化，但是 X 公司没有为此作出任何行动。

根据上述事实及有关法律规定，回答下列问题：

（1）乙某不与甲某一起买卖证券，但为甲某提供证券交易信息属于什么行为？是否合法？为什么？

（2）乙某与甲某利用信息优势操纵证券交易价格和证券交易量属于《证券法》规定的什么行为？是否合法？为什么？

（3）X公司亏损巨大，知情真相后撤换甲某而没有披露是否合法？为什么？

（4）X公司对其实际控制人Y公司与Z公司的合并行为及后果没有任何反应是否合法？为什么？

4. 甲公司是远近闻名的电视机生产基地。2015年5月，甲公司和乙贸易公司签订了一份电视机买卖合同。双方约定，当年8月乙贸易公司向甲公司购买某品牌电视机500台。为了保证该合同顺利履行，甲公司要求乙贸易公司提供担保，乙贸易公司找丁服装公司作保证人。甲公司与乙贸易公司的买卖合同没有约定保证条款，甲公司也未与丁服装公司签订担保合同，丁服装公司仅在甲公司与乙贸易公司买卖合同的落款处以保证人的身份签章。

2015年6月，乙贸易公司在征得甲公司同意后，又与丙百货公司达成协议，将其与甲公司的买卖合同转让给丙百货公司。随后，乙贸易公司又将该转让事实电话通知了保证人丁服装公司，希望丁服装公司继续为丙百货公司担保。丁服装公司当即表示同意。至8月，丙百货公司按约提走了500台电视机，但迟迟未支付货款。甲公司多次向其追要，丙百货公司均以价格条款不明确、质量不合格、丙百货公司未与甲公司签订合同等为由拒绝支付。于是甲公司又要求保证人丁服装公司承担付款义务。丁服装公司称其并未签订保证合同，而且其不知道乙贸易公司已将买卖合同转让给丙百货公司，所以拒绝承担保证责任。甲公司追款未果，遂于2015年11月将乙贸易公司、丙百货公司及丁服装公司一同起诉至法院。在法院审理过程中，乙贸易公司和丙百货公司均证明丁服装公司在电话中同意为转让后的买卖合同担保。法院审理查明：该批电视机的质量符合标准。

2015年12月，在上述案件尚未结案时，丙百货公司因经营不善严重亏损，无法清偿到期债务，向法院申请宣告破产。法院在审理该破产案件时，发现丙百货公司与其另一债权人戊公司发生纠纷的100万元债务已经法院作出判决，正在执行中；丙百货公司欠当地工商银行贷款600万元，以其价值500万元的仓库作抵押；丙百货公司曾为已公司向当地建设银行一笔300万元的贷款作保证人，现已公司对该笔贷款未予偿还。

法院在审理丙百货公司的破产案件时，还发现丙百货公司曾在2012年以帮助企业渡过难关的名义向本公司职工集资共2 500万元，约定一年期的利率为15%，两年期的年利率为25%，逾期的年利率为38%。

根据上述资料及有关法律规定，回答下列问题：

（1）如果主合同未转让，丁服装公司是否应承担保证责任？保证期间为多久？请分别说明理由。如果主合同转让了，丁服装公司是否还应承担保证责任？请说明理由？

（2）如果丁服装公司应当承担一般保证责任，甲公司对其也一并提起诉讼了，法院应当如何处理？

（3）丙百货公司进入破产程序后，甲公司与丙百货公司之间尚未审结的追索货款的诉讼应如何处理？

（4）丙百货公司进入破产程序后，法院正在执行的丙百货公司对戊公司的债务应如何处理？

（5）丙百货公司欠工商银行的 600 万元贷款应如何处理？

（6）建设银行作为己公司的债权人能否参加破产程序、申报破产债权？请说明理由？

（7）丙百货公司与职工签订的集资合同约定的利率是否有效？如果职工尚未收到利息，提出何种主张能得到法院支持？如果丙百货公司已经支付利息，能否要求返还？

# 2020年注册会计师全国统一考试
# 《经济法》全真模拟试题（八）
# 参考答案及解析

## 一、单项选择题

1. 答案：D

解析：本题考核法律关系的主体。选项A，公民和法人要成为法律关系的主体，必须具备权利能力。选项B，外国人也可以成为法律关系的主体。选项C，分公司不具有法人资格。

2. 答案：A

解析：本题考核点是诉讼时效期间。除法律有特别规定外，民事权利适用普通诉讼时效期间。根据《民法总则》第一百八十八条规定，向人民法院请求保护民事权利的诉讼时效期间为3年。法律另有规定的，依照其规定。涉外货物买卖合同及技术进出口合同争议提起诉讼或者仲裁的期限为4年。

3. 答案：A

解析：法律规定质权人有保管义务和返还义务；质权人损坏或擅自转让质物的，向出质人承担赔偿责任。

4. 答案：C

解析：本题考核合同成立的时间。当事人采用合同书形式订立合同的，双方当事人签字或者盖章的时间为合同成立的时间。

5. 答案：A

解析：在融资租赁合同中，因出卖人不履行买卖合同的义务产生索赔的权利，出租人可以转让给承租人。

6. 答案：B

解析：本题考核保管合同的相关规定。根据规定，无偿保管的，保管人证明自己没有重大过失的，不承担损害赔偿责任。

7. 答案：C

解析：本题考核有限合伙企业入伙与退伙的特殊规定。新入伙的有限合伙人对入伙前有限合伙企业的债务，以其认缴的出资额为限承担责任。

8. 答案：C

解析：本题考核当然退伙的情形。根据规定，合伙人有下列情形之一的，为当然退伙：作为合伙人的自然人死亡或者被依法宣告死亡；个人丧失偿债能力；作为合伙人的法人或者其他组织依法被吊销营业执照、责令关闭、撤销，或者被宣告破产；法律规定或者合伙协议约定合伙人必须具有相关资格而丧失该资格；合伙人在合伙企业中的全部财产份额被人民法院强制执行。

9. 答案：D

解析：法律规定，出资人以划拨土地使用权出资，应在指定的合理期间内办理土地变更手续；逾期未办理的，认定出资人未依法全面履行出资义务。股东以房屋出资，已经交付公司使用但未办理权属变更手续的，法院应当责令当事人在指定的合理期间内办理权属变更手续；在前述期间内办理了权属变更手续的，应当认定其已经履行了出资义务；出资人主张自其实际交付财产给公司使用时享有相应股东权利。

10. 答案：D

解析：本题考核公司为股东提供担保的事项。根据规定，公司为公司股东或者实际控制人提供担保的，必须经股东会或者股东大会决议。接受担保的股东或者受实际控制人支配的股东不得参加表决。该项表决由出席会议的其他股东所持表决权的过半数通过。

11. 答案：A

解析：本题考核上市公司独立董事的更换。上市公司独立董事连续 3 次未出席董事会会议的，由董事会提请该公司的股东大会予以撤换。

12. 答案：B

解析：法律规定，战略投资者不参与网下询价，且应当承诺获得本次配售的股票持有期限不少于 12 个月。

13. 答案：B

解析：法律规定为发行人最近三个会计年度实现的年均可分配利润不少于债券 1 年利息的 1.5 倍。

14. 答案：D

解析：对于非债务人财产个别清偿的案件，已经开始而尚未终结的应当中止；在管理人接管债务人的财产后，该诉讼或者仲裁继续进行。对于个别清偿诉讼是债务人破产宣告前，人民法院裁定驳回破产申请或者终结破产程序的，依法中止审理的案件才应当依法恢复审理；对于“其他与债务人有关的诉讼”，如本题中的确权诉讼，是在管理人接管债务人的财产后，该诉讼继续进行。

15. 答案：C

解析：选项 A，属于通过虚构债权债务关系将其出资转出的行为。选项 B，属于利用关联交易将出资转出的行为。选项 D，属于制作虚假财务会计报表虚增利润进行分配的行为。

16. 答案：B

解析：债权人知道或者应当知道债务人破产，既未申报债权也未通知保证人，致使保证人不能预先行使追偿权的，保证人在该债权人在破产程序中可能受偿的范围内免除保证责任。

17. 答案：A

解析：依照有关法律规定，和解协议成立前产生的债权人只能按和解协议的约定接受债务清偿，不得要求或接受债务人在和解协议外给予的单独利益，无权就其债权提起民事执行程序。但和解协议成立后产生的债权人不受协议约束，可要求单独受偿并提起民事执行程序。

18. 答案：D

解析：物权法上的物具有如下特点：有体性；可支配性；在人的身体之外。选项 A、B、C 因不能为人力所支配而不属于物权法上的物。

19. 答案：B

解析：本题主要考核点是持票人行使追索权的费用。可要求支付汇票金额自到期日或提示付款日起至清偿日止，按照中国人民银行规定的利率计算的利息。

20. 答案：A

解析：国内信用证法律制度规定，申请人交存的保证金和其存款账户余额不足支付的，开证行仍应在规定的付款时间内进行付款，对不足支付的部分作逾期贷款处理。

21. 答案：A

解析：《公司法》对国有独资公司组织机构的规定为：（1）国有独资公司是一人公司，不设股东会；（2）国有独资公司设董事长 1 人，可以设副董事长；（3）董事长由国有资产监督管理机构从董事会成员中指定；（4）国有独资公司的监事会成员由国有资产监督管理机构委派，但监事会的职工代表由职代会选举产生。

22. 答案：B

解析：选项 B，法律规定，已设定担保物权的国有资产可以进行交易，但应符合相关法律法规的规定。

23. 答案：C

解析：因垄断行为受到损失以及因合同内容、行业协会的章程等违反《反垄断法》而发生争议的自然人、法人或者其他组织，可以向人民法院提起反垄断民事诉讼，故选项 A 错误。当事人可以向人民法院申请“专家”出庭，就案件的专门性问题进行说明，“专家证人”在法庭上提供的意见并非法定证据形式，而是作为法官判案的参考依据，故选项 B 错误。人民法院受理垄断民事纠纷案件，是不以执法机构已对相关垄断行为进行了查处为前提条件的，故选项 D 错误。

24. 答案：D

解析：反倾销调查应当自立案调查决定公告之日起 12 个月内结束；特殊情况下可以延长，但延长期不得超过 6 个月。

## 二、多项选择题

1. 答案：BCD

解析：本题考核抵押权的效力。抵押物依法被继承或者赠与的，抵押权不受影响。

2. 答案：AB

解析：本题考核保证责任。保证与第三人提供的物的担保并存，如果没有约定或者约定不明的，则债权人可以就物的担保实现债权，也可以要求保证人承担保证责任。

3. 答案：BCD

解析：根据《合同法》的规定，基于当事人特定身份而订立的出版合同、赠与合同、委托合同、雇用合同等债权人不得将合同的权利全部或者部分转让给第三人。

4. 答案：AB

解析：法律规定，货物在运输过程中因不可抗力灭失，未收取运费的，承运人不得要求支付运费；已收取运费的，托运人可以要求返还，故选项C错。两个以上承运人以同一运输方式联运的，与托运人订立合同的承运人应当对全程运输承担责任。损失发生在某一运输区段的，与托运人订立合同的承运人和该区段的承运人承担连带责任，故选项D错。

5. 答案：CD

解析：根据规定，合伙企业的利润分配、亏损分担，按照合伙协议的约定办理；合伙协议未约定或者约定不明确的，由合伙人协商决定；协商不成的，由合伙人按照实缴出资比例分配、分担；无法确定出资比例的，由合伙人平均分配、分担。

6. 答案：AD

解析：本题考核股东诉讼。（1）股份有限公司连续180日以上单独或者合计持有公司1%以上股份的股东，在特殊情况下，有权为了公司的利益以自己的名义直接向人民法院提起诉讼。（2）公司高级管理人员给公司造成损失的，股份有限公司连续180日以上单独或者合计持有公司1%以上股份的股东（本题中乙、丙两位股东合计持有的股份为0.7% + 0.5% =1.2% >1%），可以书面请求监事会向人民法院提起诉讼。

7. 答案：ABCD

解析：根据我国《公司法》的规定，国有独资公司合并、分立、解散，增加、减少注册资本，发行公司债券，必须由国家授权投资的机构或者国家授权投资的部门决定。

8. 答案：ABC

解析：D选项，涉嫌犯罪被司法机关立案侦查，尚未有明确结论意见。

9. 答案：BD

解析：选项A，股息投资收益，属于经常项目。选项C，属于单方面转移或称经常转移（政府转移），属于经常项目。

10. 答案：AD

解析：债务人不能清偿到期债务，并且明显缺乏清偿能力的，债权人可以依法向人民法院提出对债务人进行重整或者破产清算的申请。对于申请和解的程序，只有债务人才能向人民法院提出。

11. 答案：BCD

解析：银行借款转存可通过一般存款账户办理，所以选项A不对。

12. 答案：AD

解析：票据伪造的伪造人必须是假冒他人名义签章，而票据变造是对票据上签章以外的事项加以变更的行为。

13. 答案：BD

解析：选项A，企业国有资产属于国家所有，国务院代表国家行使企业国有资产所有权；选项C，国务院和地方各级人民政府分别代表国家对国家出资企业履行出资人职责。

14. 答案：BD

解析：法律规定，增资企业为多家国有股东共同持股的企业，且各国有股东持股比例相同的，由相关股东协商后确定其中一家股东负责履行相关批准程序，故A错。企业增资通过产权交易机构网站对外披露信息公开征集投资方，时间不得少于40个工作日，故选项C错。

三、综合题

1. 答案：

（1）A公司向B公司主张解除合同，符合法律规定。

根据《合同法》的规定，当事人一方延迟履行主要债务，经催告后在合理期限内仍未履行的，对方当事人可以解除合同。在本题中，10月10日，B公司未按照合同约定向A公司交付设备，经A公司催告后至10月15日，B公司仍未交货，因此，A公司可以解除合同。

（2）B公司接到A公司解除合同的通知后，双方之间签订的买卖合同已经解除。

根据《合同法》的规定，当事人一方主张解除合同时，应当通知对方，合同自通知到达对方时解除。

（3）A公司的主张不符合《合同法》的规定。

根据《公司法》的规定，当事人既约定违约金，又约定定金的，一方违约时，对方可以选择适用违约金或者定金条款，但两者不可并用。因此，A公司要求B公司双倍返还定金40万元，同时支付违约金40万元的主张不成立。

（4）F公司可以向出票人A公司、背书人B公司、E公司中的一人或者数人行使追索权，但不能向D公司进行追索。

根据《票据法》的规定，被伪造人未在票据上签章，亦无委托他人签章的，不承担票据责任。在本题中，因为D公司属于被伪造人，未在票据上真正签章，所以F公司不能向D公司进行追索。F公司不能向甲行使追索权。根据《票据法》的规定，甲作为伪造人，由于未以自己的名义在票据上签章，所以不承担票据责任。但是由于伪造行为而给他人造成损失的，应当承担民事责任；构成犯罪的，依法承担刑事责任。

2. 答案：

（1）股东甲有权提议召开临时股东会。

根据规定，代表1/10以上表决权的股东，1/3以上的董事、监事会或者不设监事会的公司的监事提议召开临时会议的，可以召开股东会临时会议。

（2）股东甲有权自行召集和主持临时股东会。

根据规定，公司设立董事会的，股东会由董事长主持；董事长不能履行职务或者不履行职务的，由副董事长主持；副董事长不能履行职务或者不履行职务的，由半数以上董事共同推举一名董事主持。董事会不能履行或者不履行召集股东会会议职责的，由监事会召集和主持；监事会不召集和主持的，代表1/10以上表决权的股东可以自行召集和主持。

（3）董事会提出的两个方案均合法。

根据规定，公司可以通过外方认购增资或全体股东认购增资的方式来增加注册资本。

（4）股东会通过增资方案合法。

根据规定，股东会会议作出修改公司章程、增加或者减少注册资本的决议，以及公司合并、分立、解散或者变更公司形式的决议，必须经代表2/3以上表决权的股东通过。

（5）①C 银行的请求合法。

根据规定，有财产担保的债权人对特定的财产享有优先受偿权。

②D 公司的请求合法。

根据规定，人民法院受理破产申请前 1 年内，债务人无偿转让财产的，管理人有权请求人民法院予以撤销。

③E 企业的请求合法。

根据规定，债权人在破产申请受理前对债务人负有债务的，可以向管理人主张抵销。

④F 律师事务所的请求不合法。

根据规定，破产费用是指人民法院受理破产申请后，为破产程序的顺利进行及对债务人财产的管理、变价、分配过程中，必须支付的且用债务人财产优先支付的费用。

⑤G 公证处的请求合法。

人民法院受理破产申请后，因管理人或者债务人请求对方当事人履行双方均未履行完毕的合同所产生的债务，为共益债务。

3. 答案：

（1）乙某为甲某提供证券交易信息是《证券法》所禁止的内幕交易行为，不合法。

乙某是证券交易所的信息分析师，符合《证券法》规定的“保荐人、承销的证券公司、证券交易所、证券登记结算机构、证券服务机构的有关人员”，属于证券交易内幕信息的知情人，其把内幕信息泄露给甲某，甲某依此买卖证券属内幕交易行为，为《证券法》所禁止。

（2）乙某与甲某利用信息优势操纵证券交易价格和证券交易量的行为属于操纵市场行为，违反《证券法》。

《证券法》规定，禁止任何人单独或者通过合谋，集中资金优势、持胜优势或者利用信息优势联合或者连续买卖，操纵证券交易价格或者证券交易量。

（3）X 公司亏损巨大没有披露不合法。

因为 X 公司亏损巨大，属于上市公司应当向国务院证券监督管理机构和证券交易所报送临时报告的重大事件。X 公司撤换董事兼总经理甲某没有披露不合法。因为撤换董事兼总经理属重大事件之一——公司的董事、1/3 以上监事或者经理发生变动。

（4）不合法。

Y 公司实际是 X 公司的实际控制公司，Y 公司作为控制人与 Z 公司的合并行为以及由此带来的经营方针和经营范围的重大变化属于重大事件，即“持有公司 5% 以上股份的股东或者实际控制人，其持有股份或者控制公司的情况发生变化”，应当向国务院证券监督管理机构和证券交易所报送临时报告。

4. 答案：

（1）①如果主合同未转让，保证人丁服装公司应承担保证责任，保证期间为 6 个月。

因为法律规定，主合同虽没有保证条款，但保证人在主合同上以保证人身份签字或盖章的，保证合同成立；保证期间有约定的按约定，没有约定的为 6 个月。

②如果主合同转让了，丁服装公司不承担保证责任。

法律规定，保证期间，债权人许可债务人转让债务的，应当取得保证人书面同意，保证人对未经其同意转让的债务部分，不再承担保证责任。

（2）如果丁服装公司应当承担一般保证责任，甲公司对其也一并提起诉讼了，法院可以将丙百货公司和丁服装公司列为共同被告，但应当在判决书中明确保证人承担补充责任。

（3）甲公司与丙百货公司之间尚未审结的追索货款的诉讼应当中止，在管理人接管丙百货公司的财产后，该诉讼继续进行。

（4）法院正在执行的丙百货公司对戊公司的债务应中止执行，由债权人戊公司将法院生效判决中的债权作为破产债权，在债权申报的法定期限内，向受理破产案件的法院申报。

（5）丙百货公司欠工商银行的600万元贷款中，500万元为有财产担保的债权，从抵押财产中优先受偿；剩余100万元作为普通债权，与其他破产债权一样，依破产程序公平受偿。

（6）建设银行能参加破产程序、申报破产债权。

因为《企业破产法》规定，破产案件中债务人作为保证人的，被保证人的债权人享有是否将其债权作为破产债权的选择权。

（7）①丙公司与职工签订的集资合同约定的一年期利率15%、两年期年利率25%有效，逾期年利率38%部分无效，即超过36%部分无效。

②如果职工尚未收到利息，主张丙百货公司按照约定，支付不超过年利率24%的利息能得到法院支持。如果丙百货公司已经支付利息，可以要求职工返还超过年利率36%部分的利息。